「満洲」に渡った朝鮮人たち

写真でたどる記憶と痕跡

李光平 写真・文

金 富子・中野敏男・橋本雄一・飯倉江里衣 責任編集

世織書房

はじめに――離郷の人生を語る姿と言葉

타향살이 몇해던가　他郷暮らし　幾とせか
손꼽아 헤어보니　指折り　数えてみれば
고향떠난 십여년에　故郷を離れて　十余年
청춘만 늙고　青春ばかり　老いていく

二〇一七年八月、われわれが中国東北の吉林省延辺朝鮮族自治州安図県明月鎮を訪れたとき、それを温かく迎えてくださった李春秀《リチュンス》ハラボジ《おじいさん》は、さまざまに思い出を語りながらやがて涙を流してこの歌をしみじみと歌い出した。これは「他郷暮らし（타향살이）」という名の歌で、一九三三年に作られテナー歌手である高福寿《コボクス》の歌唱によりヒットして、日本の植民地支配下のこの時代に故郷を離れねばならなくなった多くの朝鮮人の胸に深く響き、そんな時代の心情を表現し追想させる歌ともなっている。その頃日本に渡ってきた在日一世の古老たちにも、これを懐かしみ愛唱した方は多いはずだが、同じ歌がかつての「満洲」の地に今も生きていたのである。

　思えば朝鮮民族は、確かに多くが離郷の民となっている。いくつかの統計資料をまとめた整理によれば、朝鮮半島に在住する本国朝鮮人に対してそれ以外の在外人口を比較すると、一九四〇年で一一・四〇％、一九九七年でも七・五三％の朝鮮人が朝鮮半島外に住んでいて、これは世界中に溢れていると見える在外華僑の二・五三％（一九九〇年頃）に比べてさえ、さらに大きな数字となっている〔外村二〇〇四〕。民族の全体が歴史的に「ディアスポラ（離散の民）」になったユダヤ民族を除外すれば、朝鮮民族の在外人口の割合は群を抜いており、それこそがこの民族の顕著な特徴なのだとも見える。朝鮮半島の南北分断がなお続いていて、それゆえに会うことの叶わない「離散家族」のことは話題になるけれど、この民族の離散はそれだけの問題ではないのである。

このように朝鮮民族がいわば根から離郷の民となったことに、日本による植民地支配の歴史が深く関わっているのは明らかだろう。そもそも「韓国併合」の年である一九一〇年には二〇万人ほどだった在外朝鮮人の人口が、一九四三年には三九〇万を越えてさらに増えている。彼らの離郷の道程はまさに植民地支配の受難の軌跡でもあったのだ。その日本の敗戦で動員解除がありこのときに帰郷した人も少なくないが、それでも在外朝鮮人の割合が基本的には高止まりで維持されているのは、植民地支配とそれに続く分断と戦争が朝鮮社会とその環境を大きく変容させたからに違いない。この意味でも離郷の民となった朝鮮民族には、植民地主義の痕跡が深く刻印されていると見なければならない。

そのような離郷の歴史を身をもって体現している存在として、日本には在日朝鮮人がいて、中国には旧「満洲」に渡った朝鮮人がいる。それなのにこの両者、とりわけ旧「満洲」に渡った朝鮮人については、これまで日本ではその歴史が当の体験者の側から顧みられることは少なかった。それには、彼・彼女らが「中国朝鮮族」として中国在住の一少数民族とだけ見なされてきたことも確かに関係するだろう。そこでは、朝鮮民族の離郷の民としての固有な経験がしっかり聴き取られてはこなかった。

本書は、こうした状況に抗して、「満洲」に渡った朝鮮人たちの人生を、写真がとらえたその姿と証言により想起しようという試みである。写真家である李光平《リグアンピョン》は、二〇年あまりにわたって旧「満洲」在住の朝鮮人の姿を写真に撮り、朝鮮から「満洲」に向かった離郷と移動の経験についてその証言に耳を傾けてきた。これはそのエッセンスをまとめたものであり、実際の体験者の姿と声が直接に収められた、おそらく最初の写真記録集になることであろう。われわれは、この姿に注目しこの声に耳を傾けることから植民地主義の歴史へのより立ち入った問いが始まることを願いつつ、本書を広くみなさんに届けたいと思っている。

編者一同

二〇一九年五月一日

「満洲」に渡った朝鮮人たち　目次

第2部　背景を理解するために

表紙写真：抗日聯軍が「襲撃」した話を聞かせてくれた李永遠と丁謹燮（98頁参照）
裏表紙写真：曾祖母が故郷から持ってきた臼を使う朴貞順（44頁参照）
ともに撮影：李光平

凡例

一、「第1部 写真が語る朝鮮人集団移民と「満洲」」に収録された写真は、何葉かの李光平とその家族写真、歴史資料からの引用写真、また5章扉の柳樹の写真（二葉）を除いて、すべて李光平の撮影である。その写真に付されたキャプション・文もすべて李光平自身が執筆した。その翻訳は金富子と飯倉江里衣が担当した。各章のリード文は、それぞれ筆者を明記した。上記の李光平撮影以外の写真については*を付し、そのつど出典を明記した。

一、地名・人名などの漢字は、現在日本で使用されている字体にした。人名のフリガナは、基本的に中国朝鮮族の朝鮮語の読み方を使用した。

一、民族名は、基本的に「朝鮮」を使用し、「朝鮮人」「朝鮮民族」「朝鮮族」などと表記した。

一、各論考の引用・参考文献については、すべて巻末の「参考文献」に一覧で示した。引用・参照に当たっては当該箇所本文中に〔著者名 出版年〕の形で明記した。朝鮮語文献については、日本語訳で表記した。また引用などを含め、日本語は現代仮名遣いによった。

一、「満洲」・「満洲国」については、植民地支配期の呼称を批判的に引用するために、当時の漢字遣いを使用した上で、基本的に「」を付して記した。

一、「支那」「京城」「鮮人」などの旧植民地用語や蔑称については、基本的に「」を付して記し、必要に応じて「ママ」も付した。

一、国名は、そのつどのコンテクストに応じて各筆者が使い分けている。

「満洲」に渡った朝鮮人たち

写真でたどる記憶と痕跡

日本にとっての「満洲」、朝鮮にとっての「満洲」

中野敏男

中国東北部、この地にかつて「満洲国」という「国」が創建されたことがあった。現在の中国では、それを「満洲国」と呼ぶとき、その頭にかならず「偽」という文字を被せて「偽満洲国」と表現することになっている。ここには、その存在、その正当性を決して認めはしないという、現代中国の強い意志が表われている。一九三二年に軍国日本の傀儡国家として生まれたこの「満洲国」（以下、カッコ略）は、日本の中国侵略の巨大な橋頭堡となり、中国にとっては国土の蹂躙に道を開くまさに〈国恥〉のシンボルとなったのである。

その満洲国に、当時東アジアに侵略と植民地支配の圏域を広げていた日本は、この地を文字どおり「植民」の大地とすべく青少年義勇軍を含め総数二七万人を超える日本人農業開拓移民を新たに送り込み、それで満洲在住日本人の総数は一五五万人ほどにまでなっている〔厚生省社会・援護局 一九九七〕。その帰結として敗戦時には混乱と悲惨の「引揚げ」逃避行とシベリア抑留の悲劇を生み、それにより満洲は、「ヒロシマ・ナガサキ」と並ぶ日本人民衆の戦争被害の場として、戦争と戦後の日本を語るときのひとつのトポス（象徴の場）ともなってきたと言えるだろう。

ところで、日本人にとってそのような場である満洲には、先行して日本の植民地にされていた朝鮮からも、同時期にとても多くの人々が渡り住むようになっていた。そもそも日本による「韓国併合」の年である一九一〇年に一五万八千人ほどだった在満朝鮮人の数が、満洲国成立の一九三二年には人口調査の及ぶ限りでも六五万四千人ほどにまで達し、アジア太平洋戦争も終結に近い一九四五年にはさらに二一六万三千人を超えて増大して、同時期に総力戦体制強化のための強制動員によって急速に増加した日本内地在留の朝鮮人（同四五年には二三六万五千人超）にも引けをとらないほど多数になっていたのである〔高崎 一九九六、外村 二〇〇四、徐 一九八九〕。

当時、日本人と朝鮮人の総人口はそれぞれ七千三百万人と二千八百万人ほどであったから、在満日本人一五五万人に対して朝鮮人がそれを上回り二一六万人をさらに超えていたという事実は、そこに生きた一人ひとりの生の意味を計量し総和することなど不可能だとしても、しかし一民族の経験としてそれがどれほどの重みを持つものであったか気づくの

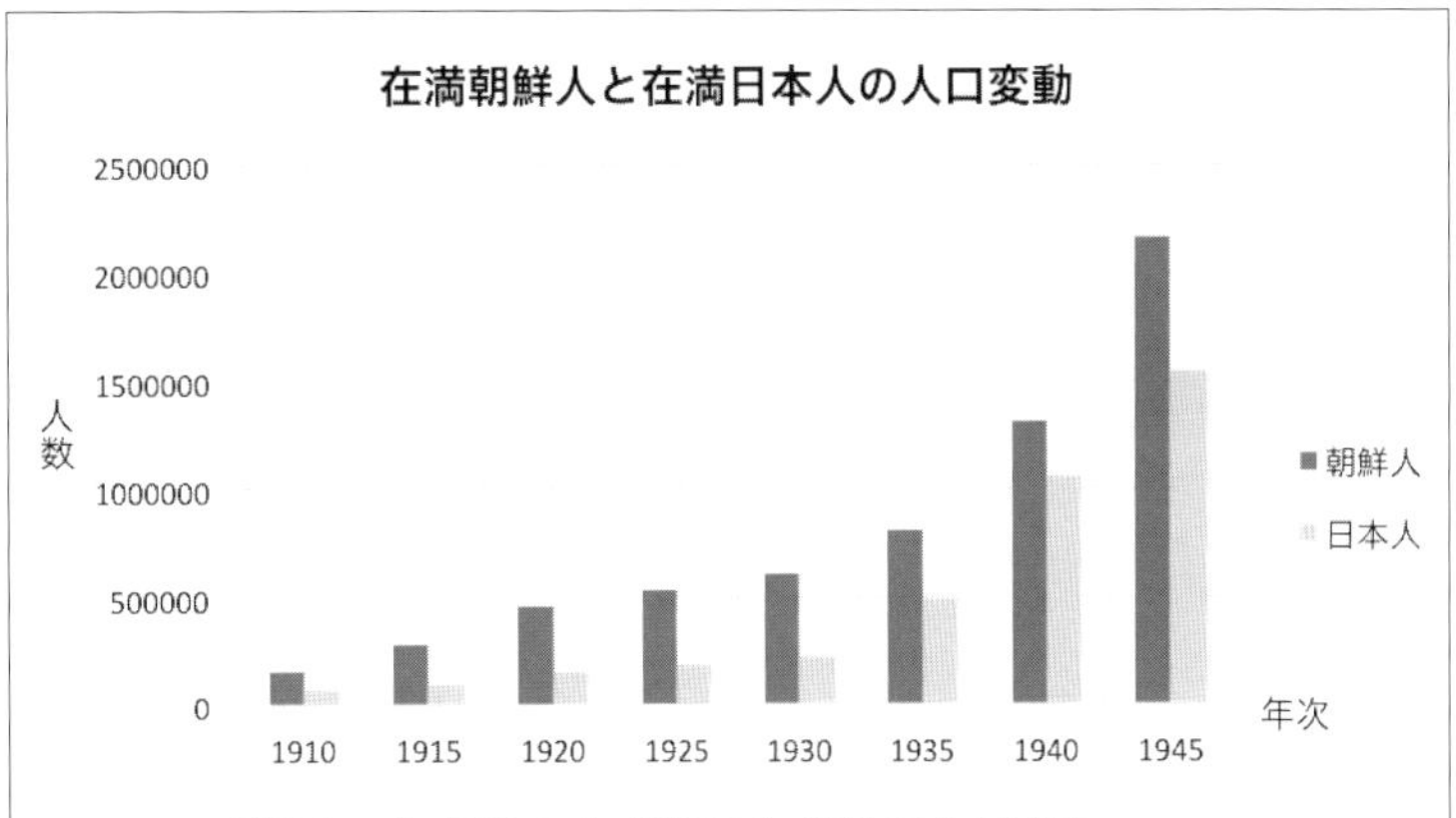

[満史会1964][高崎1996][外村2004][塚瀬2004]より作成

には充分な指標となろう。ましてこれらが、いずれも日本の植民地支配・勢力圏拡張に伴う事態であり、しかも日本人にとってはこの満洲経験が戦後の意識まで実際に規定したというのであれば、この朝鮮人の満洲移民・移動の経験に思いを馳せ、その実相を知ることは、同時期に同様な運命にさらされた(とりわけ在日の)朝鮮人自身にとってのみならず、今日の日本人にとっても、やはり避けて通れぬ課題であるに違いない。

本写真集は、そのような思いの縁《よすが》とすべく、かの地で在住朝鮮人に対する撮影と聞き取りを続けてこられた李光平《リグァンピョン》さんにわれわれ編者たちが協力して、初めて日本語で企画され出版されることになった。そこでこの序章では、本写真集のページを繰るときに思い起こしてもらいたいいくつかのことについて、そんな編者の立場から少し先だって触れておこうと思う。

1 日本人の満洲経験と戦後日本の語り

僕も行くから君も行け、狭い日本にや住みあいた
波の彼方にや支那《ママ》がある、支那《ママ》には四億の民が待つ

これは一九二二年に作られ、バイオリン演歌師たちが巷で歌って広く流行した「馬賊の歌」という歌の冒頭である。明治も後期になると新しい文化の担い手として少年向けの雑誌がいくつも創刊されるようになるが、日清戦争から日露戦争を経て国家主義を鼓吹する風潮が高まると、そんな雑誌に少年たちの愛国心を煽って冒険心をくすぐる軍事冒険小説が数多く登場する。それが、「韓国併合」を経たこの時期になると、物語の舞台として満洲を好んで選ぶようになっていたのである。そうした社会文化状況を背景に生まれたこの歌には、当時の日本民衆が少年期から内に培養していた満洲を目指す「海外雄飛」への野心の一端が示されている。近代の日本人にとって満洲は、まずはそのような場として現れている。

これまで、一九三〇年代後半に本格化した満洲への日本人移民事業について「人びとはなぜ満洲に渡ったか」を問うと、それに答えて当時の日本農村の経済的困窮を指摘するのがつねであった。あまりに貧しかったがゆえに不可避だったのだ、と。しかし近年の研究は、この経済的要因と移民事業の実施との直接的な因果関係について否定的である(小林二〇一五)。そもそも二九年世界恐慌がもたらした日本の不況(昭和恐慌)は、後続した円安による輸出産業の活況によって実はほどなく好転したし、三七年に始まる日中戦争は兵力動員の必要を飛躍的に増して、移民事業が本格化した同時期には農村部でも労働力は不足に転じていたのである。かの移民事業は、当面するそんな経済状況にもかかわらず本格実施されたのであり、ここでも問題とされねばならないのは、そのように

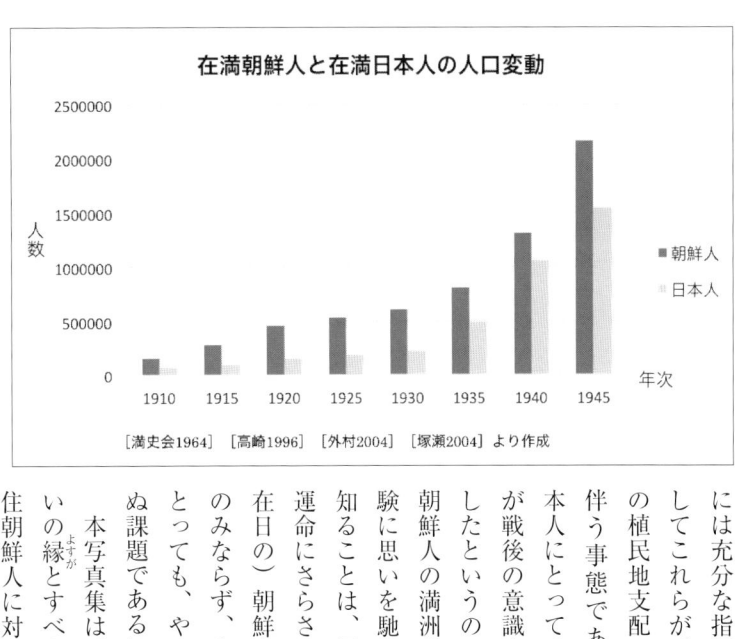

してまで満洲を欲望した帝国日本なのである。

　ところが、そう考えて現在の日本で満洲に関わる歴史認識を顧みると、それは、立ち向かうべきその当の問いをしっかり正面に据えて、そこから未来を開くという形になりえていないとわかる。その問題性は、いずれも大ベストセラーとなった三つの文学作品がその基調を作った、戦後日本の満洲表象にくっきり示されている。三つとは、ひとつは藤原ていの作品『流れる星は生きている』（一九四九年）で、これは三人の子どもを守って死線を越えた日本人女性の引揚げの苦難として体験を語る満洲物語であり、次のひとつは五味川純平の作品『人間の条件』（一九五六年）で、これは暴虐な日本軍隊の理不尽な暴力に立ち向かいながら力尽きる誠実な日本人ヒューマニストの悲劇として語られる満洲物語である。そして三つ目は山崎豊子の作品『大地の子』（一九九一年）で、これは激動する社会主義中国の政治状況に翻弄された日本人残留孤児の波乱の半生を語る満洲物語であり、主人公が日中双方の父の狭間で苦悩しながら最後は「大地の子」という自覚に至り、中国で生きることを決意するところで結ばれている。こう見てみると、戦後日本で満洲を語り評価されたこれらの作品はいずれも、満洲の「曠野」、「大地」を背景に置いて、天災のように外から降りかかる苦難に翻弄されながら、それでもけなげに生きようとした日本人たちの自己憐憫の物語になっているとわかる。そこでは、困苦にも途切れなかった日本人の良心や献身は確認できるのだが、そもそもその前提にある満洲を欲望した日本帝国にまで問いが差し向けられることはないのである。

　しかもここで特に留意しておきたいのは、これらの満洲の日本人物語が、大日本帝国では同じく「帝国臣民」であったはずの朝鮮人を、日本人や中国人とは異なる第三者として丁寧に外部に排除することによって成立している点である。たとえば『人間の条件』では、わずかに登場する朝鮮人である張命賛に中国工人の引き抜き手配師という危ない仕事を割り当て、「俺は日本人からも、おめえら中国人からも人間扱いされねえ朝鮮人の渡り者よ」という台詞を吐かせている。「生きるためにはどんなことでもしなければならない。宿なしの、衣食にこと欠く人間にとっては、礼節などは確かに無用の長物なのである。それを、同じ抑圧された民族でありながら、土着の満洲人達は蔑むのだ」〔五味川 一九五六〕。作品は、朝鮮人が追い込まれた「非情な運命」をそう語り、そんな朝鮮人をアウトサイダーに排除しそれと対照させつつ、揺れながらもこちらでは絶えはしなかったとされる日本人の「良心」の物語を浮かび上がらせている。

　思えば、敗戦直後の日本で日本在住の朝鮮人たちは、社会秩序を攪乱する「闇市のやくざ者」というステレオタイプを一律に押しつけられ、根無しの「第三国人」として徹底して差別・排除されていた。『人間の条件』に描かれて多くの日本人に共有された満洲の日本人物語、そこで作られた満洲の朝鮮人像は、そうした戦後日本の朝鮮人表象の鏡像に他ならなかったのだ。そうだとすれば、現在の日本において歴史を真に省察するためには、やはり満洲をめぐる歴史認識、とりわけその朝鮮人像から問い直す必要があるだろう。

2　朝鮮にとっての満洲

この満洲という空間は、他方で朝鮮という位置から見ると、さまざまな歴史系譜が錯綜し折り重なって問題をいまに繋げている場であるとわかる。一時期の韓国で連続テレビドラマ『朱蒙《チュモン》』が大ヒットし、日本でも話題になったことがあったが、韓国の時代劇として高句麗の建国伝説をドラマ化したこの作品の舞台は、実は満洲である。もっともそれと相前後して「東北工程」問題というのも起こっていて、こちらは中国が国家事業として東北部（満洲）の歴史を再検討しようと始めた共同研究作業から生じた問題であり、ここでは高句麗のみならず百済や新羅まで中国の地方政権として取り扱われているとしてそれが韓国で強い反発を招いている。かくて言い分がぶつかるわけだが、そもそも事実は、満洲の長い歴史には韓国や中国といった近代国民国家の枠には決して収まりきれない空間の展開や人流の交錯があったということだから、それを直視させるここには対立の構図そのものを歴史的に相対化してしまう可能性がすでに示されていると見るべきだろう。

その上で視野を近代とりわけ日本による韓国併合以降の時期に絞れば、三・一独立運動を経て朝鮮半島においては次第に困難を増していった抗日独立への朝鮮民衆の行動が、隣接するこの満洲の地では活発に引き継がれ持続して、ここが植民地解放と独立への意思と力を保全し培養する基地になったことが朝鮮の歴史にとって重要である。とりわけ、まず一方で朝鮮民主主義人民共和国という国家創設に向かう歴史という観点からそれを考えると、建国に顕著な功績のあった金日成《キムイルソン》が少年期からこの地で成長し、ここでの出会いを通じて民族主義や共産主義を学び、この場でさまざまに抗日勢力とつながり活動を展開したことが、格別に重い意義を認められるとわかる。この満洲という場であればこそ、抗日の戦いは朝鮮と中国の人びとが実際に連携を組織して戦場を共にする戦いとなり、その共通の経験がやがて両国の創建から朝鮮戦争にいたる困難な道で朝中の固い血盟を根底で支える基盤にもなったと理解されうるからである。

もっとも、そうした抗日の戦いが「国土」としては中国に属するこの満洲の地で主として持続し展開したことは、朝鮮民族の植民地解放と独立のための主体的な運動という観点から見ると、それにかなり複雑な影をもたらしたことは否めない。というのも、一九二八年になると国際共産主義運動の中心にあったコミンテルンが一国一党方針を明確にし、それにより朝鮮人の共産主義者も満洲では中国共産党に合流してその指導に従うことになって、民族自決の立場から抗日遊撃戦争を別個に遂行していた民族主義グループとの連携などにも混乱が生じ、それが朝中の活動家の間の軋轢に繋がることもあったからである。三三年に始まった反「民生団」闘争のことは、その中でも痛手が大きく運動に深い傷跡を残した事件である。「民生団」というのは日本が朝鮮人の親日協力者を組織するため満洲に作った謀略団体であったが、特に東満洲で抗日遊撃戦争に参加した共産党幹部や部隊幹部の多くの朝鮮人がこの民生団との関与を疑われ、ついには無実の者までつぎつぎと処刑されるに至っている。朝中が連携した抗日戦争は、満洲ではやがて中国共産党の指導の下に東北抗日聯軍が組織され戦われることになるが、その歴史にはこんなことがあったのだ。

現在の朝鮮民主主義人民共和国で刊行されている『朝鮮通史』は、この反「民生団」闘争の「極左的」な誤りに対し金日成が挑んだとされる闘争について、わざわざ「朝鮮革命の主体性の擁護」という表題を立てて強調するとともに、同時期の三四年に朝鮮人主体の「朝鮮人民革命軍」が改編創設されたと主張しそれを金日成の重要な功績と特筆している〔金・姜 一九九五〕。和田春樹はこの時期画定を「まったく無理な主張」と指摘し朝鮮人民革命軍の創設自体に「神話」があると批判するわけだが〔和田 一九九二、一九九八〕、革命史の記述にこんな論争が生ずるのも、朝鮮革命にとって満洲が、ひとつの主戦場でありながらその主体性がとかく危機にさらされ続けた場であったという事実を背景にしてのことと考えていいだろう。満洲に注意を向けると、朝鮮革命にとって「主体性」の切実な意味が確かに見えてくる。

　ところで、「朝鮮にとっての満洲」を他方の大韓民国を意識して考えると、そこにはまず初期の韓国陸軍の中核を形成した満洲人脈の問題が浮かび上がってくる。後に大統領にまでなった朴正熙《パクチョンヒ》、陸軍参謀総長になった丁一権《チョンイルグォン》や白善燁《ペクソニョプ》などのことだが、満洲で彼らは抗日独立の運動に参加したのではなく、むしろそれを鎮圧する役割を期待されて満洲国軍の将校になった人たちなのである。この事実は、植民地支配からの解放により生まれたはずの大韓民国とその正規軍にとって、成立の正当性にかかわる深刻な問題の所在を示唆している。長い軍事政権の時代から民主化を経た現在、この韓国でも、満洲とのかかわりを通しつつそんな自国の軍の主体的・自立的な存立がさまざまに考え直されるようになってきている〔韓二〇〇三、二〇〇五〕。

3　移動する朝鮮人、苦悩するアイデンティティ

　ここまでは、「朝鮮にとっての満洲」との小題を立て、朝鮮半島の南北に二つの分断国家ができる歴史の見通しに即してそれを考えてきた。この写真集が映しだしているのは、そんな歴史を背景としながら、満洲に移動し生活した朝鮮人たちの実相である。

　これは〈移民〉の歴史なのであるが、この歴史の眼が見ている移民は、一方で日本帝国がずっと植民地主義の標的として戦争政策と植民政策を大規模に展開し、他方ではそれに激しく抵抗する朝鮮と中国の民衆が抗日戦争をこちらも粘り強く持続して、それらが激突していた現場である満洲に向かっての集団移民である。しかもそこで移住民となったのは、日本による「韓国併合」で日本帝国の「臣民」に無理矢理組み入れられながら、実際には当の併合そのものによって朝鮮半島に生活の場を失い、それで追い詰められ仕方なく朝鮮総督府と関東軍が立案実施する朝鮮人満洲移民政策に従った朝鮮人たちだった。だからこの移民は、生活のため新天地を求めての希望ある移動というより、それ自体が植民地支配から強いられ、日本帝国の移民政策に従って実行に及んだ移民であって、それゆえその行程と生活には、植民地主義の被害の諸相が深く刻印されていると見なければならない。

　そうであるなら、日本帝国の植民地＝朝鮮から「帝国臣民」として動員される形で集団移民したそんな朝鮮人たちが、こちらも日本帝国による戦争と支配により土地と生活を侵食された中国人たちの敵意が充満する満洲の地に到着し、そこでなお抵抗を続ける朝鮮人たちの「抗日戦争」と満洲国軍人となって協力する朝鮮人たちの「親日戦争」が同族同士で厳しく対峙する、その狭間に置かれるというのはどういうことなのだろうか。そのときに、その人びとはそもそも何者であるのか、いったい何者として振る舞えばいいのか。植民地支配とは一面でアイデンティティの支配なのであるが、この満洲では、アイデンティティをどのように自認するか、いかに表現するかは、戦場となった生活の場そのもので実際に生と死を分けるという意味で死活問題である。すると、朝鮮から満洲に渡った当事者たちは、この死活問題にいかに直面し、どのように苦悩し、どうやって応対しようとしていたのか。そもそもこの戦場での生活は、どのように営まれていたのだろうか。

　本書は、このような移動と生活の経験と記憶に光を当てるべく、集団移民を実際に体験した中国東北在住朝鮮人たちの写真と証言を整理して提示し、その苛烈な歴史に秘められた痛切な体験と思いを広く伝え永く

残していこうという試みである。願わくばすべての読者が、写真家・李光平が長年にわたり蓄積したこれらの写真と証言をしっかり受けとめ、ここから想像力を大きく膨らませて、植民地主義の支配下で満洲に渡った朝鮮人たちの生の事実と意味につき、何かを感じ、また考えを深めていただきたいと思う。

＊　＊　＊

本書は、写真家・李光平自身の一文に続き、本体が二部構成で編集されている。ここで、本書の編成について少し述べておきたい。

まず、はじめの「集団移民の魂を探して数万里」と題された李光平の一文は、写真集としての本書の成り立ちを理解していただく上で、とても重要である。ここで李光平は、写真家として写真記録を始めた自分が、しかも朝鮮人移民の子孫である自らの使命と気づいて、朝鮮人集団移民の歴史の写真記録を開始した経緯に触れている。すなわち、この写真集の中核をなす写真たちは、ドキュメンタリー写真家として記録を重視する客観的で精密なまなざしと、朝鮮人移民の子孫として自ら自身のことと感ずる当の事柄への切実な思いとが重なって成立しており、それゆえにこそ、二〇年以上の長期にわたる六〇〇名以上の朝鮮族関係者との持続的な出会いと、その人びとに対しての冷静な視点を保ちつつしかも内面に深く触れる調査が可能になっているのである。であれば、そのような調査から生まれる作品は、単なる画像としての「写真」なのではなく、「李光平のオーラルヒストリー・ノート」としてまとめられるべき、写真と証言が組み合わさった人間の記録となるに違いない。ここでは、写真が語り、証言がまた語っているのである。

そうした人間の記録を作品としてまとめて示したのが、本書第一部の「写真が語る朝鮮人集団移民と「満洲」」である。ここでは、「1章　移動　朝鮮から「満洲」へ」に始まり、「9章　〝光復〟後の新しい生活」に至る九つの項目を立て、一つ一つの写真と証言をそれの持つ意味から整理して示した。そこで注意していただきたいのは、この九項目の整理が、「朝鮮人集団移民」という事柄の「客観的」な歴史に沿った単なる時系列の整理ではないという点である。というのも、作品としての写真と証言が語るのは「歴史的事実」そのものではなく、被写体となった人びとの心に映った心象風景なのであって、それの整理もその心象風景に強く刻まれた像に即してなされねばならないからである。言い換えるとその写真や証言には、単なる「客観的な事実」にとどまらぬもっとそれ以上の、体験者たちの心に滞留する哀しみや痛み、痛切な思いまでもが映し出されていると考えねばならないのだ。それゆえ編者としては、本書を単なる「歴史書」ではなくそれ以上の「写真記録集」として受けとめ、ここから、この人びとの心象風景とそこに示された切実な思いを読み取りたいし、読者にもそれをこそ読み取ってほしいと切望している。

もっとも、「朝鮮人集団移民」という事柄に即して語られた体験者たちのそのような心象風景を深く理解するためには、背景にある歴史的事実や生活の実情を知っておいた方がもっとよいのは間違いない。そこで本書ではその手助けとなるべく、「背景を理解するために」と題する第二部を設けて、満洲に移動した朝鮮人たちの歴史や実情をやや詳しく、しかしわかりやすく解説し考察した数編の論考を収めることにした。

まず、「「満洲国」期の朝鮮人移民と集団部落」と題された孫春日《ソンチュニル》論考は、中国朝鮮族の指導的な歴史研究者として中国での研究成果を広く踏まえ、表題の時期に満洲に作られた朝鮮人移民の集団部落について、歴史的経緯とその特質を概説している。これにより朝鮮人集団部落が、朝鮮総督府や関東軍の思惑に従って計画・建設・経営され、東北抗日聯軍が活発に活動する「危険」な地域に集中的に作られて、警察がこれを厳しく統制するという、過酷な生活環境に置かれていたことがよくわかるだろう。

これに対して「植民地帝国日本と朝鮮人の移動」と題する金富子《キムプジャ》論考は、在日朝鮮人の歴史研究者として、この満洲への朝鮮人の移動を、日本の植民地支配下で進んだ朝鮮人の日本内地や中国大陸から、台湾・東南アジア・南洋諸島にまで広がる大規模な移動の中に位置づけ、この現象全体を「コリアン・ディアスポラ」の問題として読み解いている。この論考により、満洲に渡った朝鮮人が日本に渡った朝鮮人とともに「植民地ディアスポラ」という性格を持ち、日本の一方的な支配下に置かれながら中国人からは「日本人の満洲侵略の先兵」と見なされるという、板挟みの厳しい立場に追い込まれていた様子がはっきり見えるだろう。

満洲で朝鮮人が置かれたそんな歴史的状況を論ずる両論考に対して、つづく橋本論考と飯倉論考は、この状況に生きた朝鮮人たちの行動の意味を当の担い手の立場から論じている。まず橋本論考が問うのは、植民地空間にある人びとが強いられた「移動」の意味だ。橋本はそこで文学テクストを素材にしながら、移動を強いられた人びとがむしろ自分の場所に違和感をもち、移動の体験と精神によりそれに抗って、帝国の地政学を破綻に追い込む可能性まで展望している。また飯倉論考が論ずるのは、日本の鎮圧政策とそれに武力をもって抵抗する朝鮮人の姿だ。飯倉はここで、満洲での抗日戦争が中国共産党の指導下に入りながら、多くの朝鮮人隊員の存在により朝鮮人農民の間に大衆的基盤を獲得し、粘り強い戦いが持続したことを明らかにしている。

このような諸論考は、中国朝鮮族三世の若い世代として自身の体験と感覚を語る朴紅蓮《ボクコウレン》のコラムとも呼応しながら、本書第一部に収められた写真や証言の背景を語っている。これらはきっと、当事者たちの姿や言葉から感じ取った深い思いを確かな認識に高めるだろう。

1937年に汪清県春和村に集団移民した徐他官（ソ・タグァン）。最初の年に土塁を築く工事で腰を痛め、晩年は下半身不随になりながら畑を作った。

日本人の自宅トーチカ跡で日本軍が住民三名を殺すのを目撃した話を聞かせてくれる許尚旭（ホ・サンウク）。彼は1938年に延吉県鳳寧村に集団移民として来た。

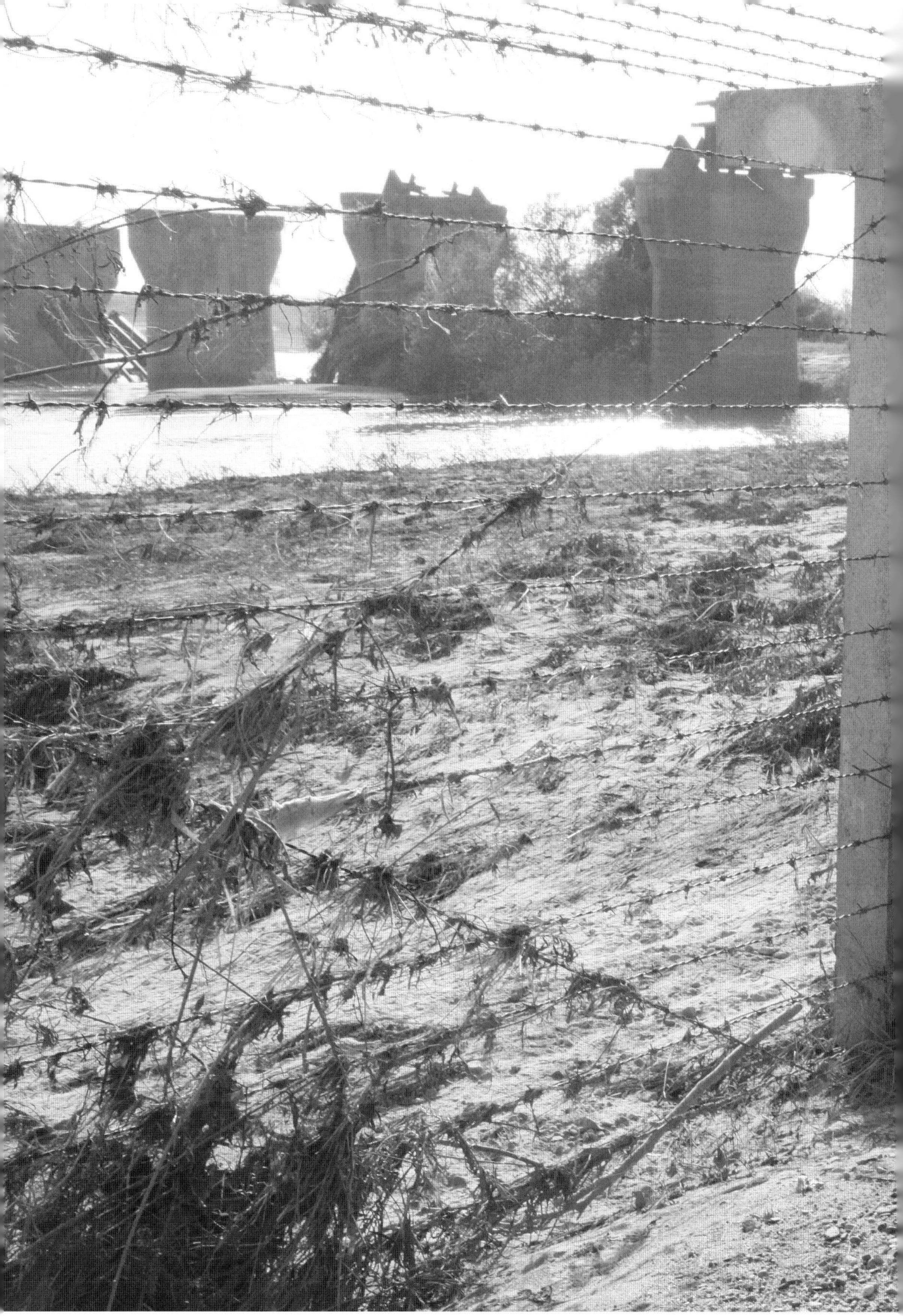

1938年、この橋を渡り汪清県涼水村西柏林屯に集団移民として来た申順浩（シン・スノ）ハルモニが、断たれた橋と咸鏡北道の故郷である穏城を眺めながら思いにふけっている。（2016.9.21）

釜山から「満洲」の慰安所に入れられた朴徐雲（パク・ソウン）。
「平安」の文字が刻まれた指輪をいつもはめて暮らしていた。

集団移民の魂を探して数万里

『「満洲」に渡った朝鮮人たち』刊行にあたって

李《リ》 光平《グアンピョン》

朝鮮咸鏡北道鏡城郡漁郎面富山洞で農業を営んでいた私の祖父・李《リ》相俊《サンジュン》と父・李鳳允《リボンユン》、母・全蓮玉《チョンリョノク》は、日本軍が故郷の地に軍事倉庫を設置して追放したために、［植民地期の］一九三九年春にやむをえず中国の龍井に移住してきた。その年、私の父が開山屯鉄道駅の使用人として就職し、父母は私の兄・李鐘天《リジョンチョン》（一九三八年一月三日朝鮮で出生）を連れて開山屯へ引っ越した。私はそこで一九四四年一二月二九日（陰暦）［陽暦一九四五年二月一一日］、三番目の息子として生まれた。このような家族の歴史を背景として、私は家族の移住史などの朝鮮族移住史に早くから関心を抱いた。

写真記録をはじめて

一九七五年から写真を学びはじめた私は、一九八六年八月に龍井県［一九八八年より龍井市］文化館館長を務め、館長として行政指導任務を行なう一方、龍井市内の重要行事と朝鮮族の歴史と文化について怠ることなく写真記録を撮り続けてきた。

一九九九年一〇月一三日から三日間、著名な中国朝鮮族写真家・黄範松《ファンボンソン》先生に随行して汪清県蛤蟆塘《ハマタン》郷新興村（現・汪清県大興溝鎮新興村）に写真撮影に行った。ご老人四〇名余りに会って彼・彼女らの話を聞き、写真撮影をしながら、私はこの村が一九三五年陰暦三月に、朝鮮総督府が朝鮮咸鏡南道の一〇〇戸と江原道の一〇〇戸、およそ一〇〇〇名余りに達する農民を当時の延吉県六区大馬鹿溝南蛤蟆塘に集団移住させてつくった集団移民の部落であったことを知った。その日、呉俊燮《オジュンソプ》、宋根虎《ソングノ》など、一七名の集団移民のご老人たちが聞かせてくれた血の涙の移民史、開拓史、闘争史、創業史に関する話と、彼・彼女らの生き生きとした生の姿と消えていく歴史の痕跡は、私に大きな衝撃を与えた。

帰宅して、その当時の歴史記録を探してみた。ところが、『龍井県志』や『和龍県志』には「集団移民」という文字さえなく、安図県、汪清県の県志や他の本にも集団移民の内容を載せたものがあまりにも少なかった。私はすぐに延辺大学の歴史学者・朴昌昱《パクチャンウク》教授を訪ねて意見を求めた。私の手をぎゅっと握った朴昌昱教授は、「集団移民の歴史についての調査を研究機関と延辺大学で以前から行おうとしていたのですが、実践に移すことができなかったのです。李館長がやるということなら、これはわれわれ朝鮮族移住史の中の一つの空白を埋めることになるでしょう。学術面で積極的に後押しします。必ず成功することを願っています」とおっしゃってくださり、一カ月半後に歴史文献資料から見つけた六頁の書類と『吉林朝鮮族』という本を提供してくださった。

集団移住民の歴史を記録しなければ

私は深く思索にふけった。中国朝鮮族移住史の最終段階である集団移民の歴史が記録されておらず、忘れられているのではないか。集団移住民の話と生活の姿や文化を文章と写真、映像で残し、価値ある文化財として収集することは、人類学や歴史学などの専門団体と学者、専門家たちの責任であるだけでなく、朝鮮族に関心を持ち、朝鮮族を愛するすべての人、さらには民族的自負心の強い朝鮮族文学芸術家らにとっても見逃すことのできない責任ではないのか。朝鮮移住民の子孫であり、文学芸術家である私がしなければならない仕事ではないのか。

われわれの歴史はわれわれが記録して整理し、広く人々に知らせて守り続けなければならない。中国の五六の少数民族の中で、朝鮮族は移住民族と呼ばれている。朝鮮族のこのような特殊性に注目し、自身の主観的な側面を世界的な普遍性と照らし合わせ、朝鮮族の民族精神を高めることは、中華民族の志操を輝かせ、朝鮮族が世界の民族の中で堂々とした地位を築くための大きな利益になる。

さらに、集団移民の歴史が七〇年余りになれば、その体験者に会うことのできる機会はいくらもないため、体験者たちの命と競争をしなければならない。また、写真の領域で新たな突破口を見つけようと耐え忍んでいた私にとって、他人がやらない主題と形式を獲得するというのは、中国朝鮮族の写真史において、本当の意味でのドキュメンタリー写真の新たな領域を開拓することになるのではないか。さんざん悩んだあげく、私は思い切って集団移民の歴史の調査をしようと悲壮な決意をした。

数万里を走って一〇年余り

こうして私は、一九九九年一〇月二三日から集団移住民の踏査(フィールドワーク)に没頭した。すべての精力を踏査に投入するために、二〇〇〇年一二月に四年早く退職した。二〇〇〇年から二〇〇四年六月一〇日まで、私はオートバイに乗って三万五千キロ余りを走り、その後二〇一〇年までタクシーと乗用車に乗って、二万キロ余りを走った。一〇年余りの間に、私は延辺の安図県、汪清県、図們市、和龍市、龍井市、延吉市、琿春市など七つの県・市の三二の郷・鎮、九五の村を踏査し、集団移民の歴史の証人、日本軍強制徴兵参与者たちや日本軍「慰安婦」など六〇〇名に直接会ってインタビューを行い、写真とビデオ撮影をし、関係する証拠物も取集した。その間に私は、一二〇フィルムで一五〇〇本余りの写真を撮影し、一〇〇個余りの録音テープに録音し、五〇個のテープにビデオ撮影をし、二〇〇万字余りの口述資料を書き取った。踏査過程で私は一日に数百キロを走り、夕食をとる暇もないほど忙しく腹が減っても、大雪が降ってオートバイごと転び、数十メートル滑ってしまっても、還暦の年に突然近づいてきたオートバイとの交通事故により三途の川を渡りかけても、決してやめなかった。

七〇年近い波乱万丈の荒波の中で、集団移民の部落とご老人たちの生には、驚くべき変化が起きた。私が訪問したご老人たちのうち、結婚してから集団移住民としてやってきた方は三名のみで、集団移民二世も大部分が他界したり、ほかの場所へ引っ越して行ったために、当時の事実を話せる方々がいくらもおらず、歴史の痕跡と証拠物が大部分なくなってしまうという深刻な実態であった。

このような状況で私は、何も考えずにご老人から一時間でも二時間でも、彼・彼女らが自ら見て聞いて経験したという話を真摯に聞いて記録し録音し、彼・彼女らとともに笑いもし、泣きもしながら、民族を生みだした歴史を学び、人生のありようと生き方を体得し、それに関連する撮影素材も探した。

歴史的事実についての証言としての写真

ドキュメンタリー写真の持つ特性である記録的側面の客観性を保ち、歴史的事実についての証言と証拠としての写真を撮るために、最大限私の主観が介入しない中立的な立場から、特別なライトも使用せずに、ドラマチックな場面を瞬間的に捉えようともせずに、日常的な記念撮影の方法で、淡々と歪曲なしに事実どおりに近接撮影を行なった。

私は、集団移民のご老人たちの外見だけを撮るのではなく、移民の歴史がにじむ痕跡からご老人たちの生と働く姿、彼・彼女を取り巻く環境を撮影し、まだ残っている集団移民部落の跡や彼・彼女らが朝鮮半島から持ってきた生活・生産道具と昔の写真、日帝［日本帝国主義］が人々を殺害していた場所と抗日闘争があった場所、ご老人たちがもらった証書とメダルなど、歴史的証拠になるすべてのものをこまめに記録した。その間、私はご老人たちのために直接かかわらない写真も数千点無料で撮影してあげた。

私は、撮った写真の下に人物の出生地と移民として来た事情、彼・彼女が聞かせてくれた話、歴史の痕跡の価値を整理して説明文をつけることによって、消えて、忘れられ、無視される朝鮮族特有の集団移民史のその時々における事件を反映させようと努力した。そのように朝鮮族のアイデンティティの根っこを探して、朝鮮族の特殊性を引き出すことによって、世界的な普遍性と相対化させるのに役立つよう最善を尽くした。

写真はひと時存在した、しかし今や消えてしまうものについての明白な証拠として、人間の生命に限りがあるという運命を克服しようとする無意識的な欲望の産物だ。一枚の貴重な写真は、他の媒体によって代わることのできない多くの内容を真に記録し、伝達することができる。今日の集団移民のご老人の生を記録することは、現在だけでなく近い過去の歴史と文化を読み解くための仕事でもある。

寝食をともにし、ともに働きながら話を聞いて

私はご老人たちと寝食をともにし、ともに働きながら、彼・彼女たちの血の涙がにじむ移民史、開拓史、闘争史、創業史を聞いて録音した。日帝の甘い言葉によって、先祖たちの骨が埋められた故郷の地を離れ、豆満江を渡った涙ぐましい移民の話、氷雪が覆う深山の無人の地のむしろのテントで獣のように暮らしながら、開拓の犂《すき》先を打ち込んだ開拓の話、栄養失調と伝染病で二家族一五名が一週間の間に全滅した悲惨な死の話、雑木と雑草が生い茂った広々とした大平原を開墾し、中国東北の農業構造改変に特別な寄与をした創業の話、日帝警察に立ち向かって抗日聯軍［東北抗日聯軍］の食糧を運んであげた抗日の話、階級に応じて土地を分配し人民政権を立てた民主革命の話、結婚してから三日のうちに軍に入って海南島まで行き、解放されてから再び朝鮮戦争に参戦し勇敢に戦った戦争の話、文化大革命の時期に自分がひどい被害に遭いながら、群衆独裁組織によってほとんどが亡くなっていく中で三名をも救った文化大革命の話、一九八一年に安図県で一番最初に家族単位で農業生産責任制を実施した開拓の話……。

これらをとおして私は、朝鮮民族の先輩方のそのいかなる環境の中でも屈せず生きていく強靭な生命力、そのいかなる隘路や挫折も必ず突破していく強力な底力、国と民族の利益のために命を捨てて忠義を守る高らかな犠牲精神、賢く生活と生産の奇跡を生みだす偉大な創造精神、五千年の民族文化に基づき延辺の地で守り発展させる特色ある朝鮮族文化がまさに朝鮮族の精神と魂であることを体得することになった。そうでありながら、私自らが自身の民族と民族の歴史についてあまりに無知で、民族の使命感と社会的責任感があまりにも貧弱で、奮闘精神、献身精神、創造精神がまったく不足していることを反省した。そうして、先輩方の精神により自己修養を強化し、国と民族に忠誠を尽くし、高度な社会的責任感と民族の使命感から集団移民の踏査を始めることを心に誓ったのであった。私は先輩方を芸術生命の母とみなして、彼・彼女らとの血肉的な連携を結ぶことを、きちんと自己修養をし、踏査をしっかりと行う原則とした。

民族精神と時代精神から学んだこと

簡単に考えて始めた踏査だったが、すっかり没頭してしまうと踏査費用がかなりかかった。装備の購入を除外しても毎年およそ一万元［約一六万五千円］近い費用がかかり、賃金を使い果たしても足りなかった。政府機関や団体から一銭の支援もない自発的な踏査だったために、すべての経費は自身で解決しなければならなかった。それでも寛容な私の妻・黄信玉《ファンシノク》は、文句一つも言わず生活費を最大限減らし、行商や他人の賃仕事をしながらも私のサポートに最善を尽くした。日本にいる息子と娘婿が高級な写真機、録音機、ビデオカメラとオートバイなどを買ってくれ、アパートまで準備してくれ、作業費用も補ってくれた……。

去る一〇年間余り、先輩方の魂を探して数千数万里を走った当時を振り返ると、本当に感慨無量である。その間、私は集団移民の歴史資料を収集・整理することができたし、延辺と延辺朝鮮族の移住史の中でも、集団移民期の口述資料がなかったという空白を埋めることができたことを誇りに思う。もちろんこれも大変重要な成果である。しかし、それよりもさらに大きく重要な成果といえば、この過程で私は先輩方から歴史と民族について学び、彼・彼女らの民族精神と時代精神を学び、朝鮮民族の魂を知ることになり、これに基づいて自身の情感を磨き、思想を浄化し、精神を昇華させ、霊魂を清めることができたということだ。このように、持続的に延辺の集団移民資料を発掘・整理することができるだけでなく、延辺と朝鮮族のための事業になるということで、できる限り継続して、疲れるのも忘れて粘り強く記録し、整理できる精神的原動力を保つことができたということである。

去る三年間、私は東京外国語大学の金富子教授をはじめ皆さんに出会って、中国東北地域での朝鮮族集団移民の歴史と日本人開拓民の歴史の痕跡をともに調査・発掘・整理しながら篤い友情を結んだ。このたび、再び先生方の配慮でこの写真集を出版することができるという天恵の栄光にあずかることになった。この写真集の出版のために計画を立てて尽力してくださった金富子・中野敏男・橋本雄一教授と具体的な仕事をたくさんしてくださった飯倉江里衣先生、朴紅蓮先生など多くの方々に心からの敬意を表したい。そして今回、本の出版を引き受けてくださった世織書房と編集者の岡本有佳氏にも感謝の言葉を申し上げる。なお、今やこの世にいらっしゃらないけれども、早い時期より私の踏査と調査のために話を聞いてくださり、いろいろと助けてくださった先輩方にも申し訳ない気持ちで、遅ればせながらこの本を捧げる。

最後に、私の栄光を愛してくれる妻・黄信玉と息子の李忠権《リチュングォン》、娘の李英瀾《リヨンラン》、娘婿、そして私の兄弟と親戚とともにこの喜びを分かち合いたい。

（翻訳：飯倉江里衣）

第1部　写真が語る朝鮮人集団移民と「満洲」

――李光平のオーラルヒストリー・ノート

写真・文　李光平（翻訳 金富子・飯倉江里衣）

プロローグ

李光平　集団移民の調査へ

バイクで駆けて三万五千キロ。事故があって、その後は車で二万キロ。雨の日も雪の日もあって、調査はもう二〇年になろうとしている。バイクも、カメラも、ビデオカメラも、息子さんの協力により買ったものだ。

はじまりは、自分の家族の歴史にあらためて気づいたことからだったという。朝鮮から母方の叔父、叔母がやってきて、両親のこと、祖父母のことを思い出したのだ。祖父は一家を引き連れて、一九三九年に朝鮮半島の咸鏡北道から中国東北の龍井にやってきた。一九二〇年生まれでまだ若かった父は、その時に祖父に従って来ている。

そんな自分の家族のような朝鮮人移民の歴史に興味を持ち、一九九九年一〇月に汪清県南蛤蟆塘《ハマタン》を訪ねたのが調査の始まり。そこで初めて「集団移民」のことを聞いたのだという。よい土地だと聞かされていたのに、来てみたら未開拓の原生地で、しかも東北抗日聯軍の活動がさかんな危険な場所だったそうだ。龍井では聞いたことがない、胸の痛い話しがつぎつぎと出てきた。

試験「集団移民」が始まったのが一九三五年、その時に子どもだった人でも体験者はみなもう九〇歳を超えている。調査を進めていくにつれ、「自分の活動は体験者の生命の時間と競争している」と感ずるようになった。聞き取りを始めると、自分の話しを残しておきたいという当事者の思いが少しずつ広がり、「光平、なぜ話しに来ない、まだ話したいことがある」と言ってくれる人さえ出てきた。そのハルモニ《おばあさん》も、今はもう亡くなってしまった。

「最初は興味から始めたのだが、いまは使命とさえ思う。わたしたちの民族の歴史。それを残さないと、自分は罪を残すことになる」

（中野敏男）

40379

延吉県八道鎮互助村で権赫花（クォン・ヒョカ）ハルモニから、
昔の写真に込められた話を聞いている。（2007.07.08）

李光平　調査記録の歴史

1999年10月23日　写真家・黄範松（ファン・ボムソン）に随行し汪清県蛤蟆塘郷新興村（現汪清県大興溝鎮新興村）にて写真撮影を行う。集団移民について知る。調査活動開始。

2000年12月 龍井市文化館長を退職して調査に没頭。2004年6月までにオートバイにて35000キロ踏破。

2004年6月　オートバイ事故にて重傷を負う。事故後2004年から2010年にはタクシーと乗用車で調査を続け、20000キロを走る。
調査地は、延辺の安図県、汪清県、図們市、和龍市、龍井市、延吉市、琿春市など七つの県・市、32の郷・鎮、95の村。調査対象は、集団移民経験者、日本軍強制徴用経験者、日本軍「慰安婦」被害者などで、600名超。写真撮影は1500本あまり、録音はテープ100本あまり、ビデオ撮影は50本あまり、口述記録は200万字あまり。

安図県万宝鎮新興村でご老人たち
の話を記録している。(2002.1.25)

汪清県天橋嶺鎮響水村で金仁生(キム・インセン)氏とともに。集団移民初
期に建てた家の前で記念写真を撮っている。(2003.6.3)

李光平の父・李鳳允（リ・ボンユン）。李相俊に連れられ龍井に移住し、開山屯鉄道駅に就職した。＊

李光平の祖父・李相俊（リ・サンジュン）。彼は、1939年の春に家族を連れて朝鮮咸鏡北道鏡城郡漁郎面富山洞から中国の龍井に移住してきた。＊

1987年10月、朝鮮から母方の叔父・全相益（チョン・サンイク／前列左から3番目）、母・全蓮玉（チョン・リョンオク／前列右から4番目）の弟と、母方の叔母（母・全蓮玉の妹）・全今玉（チョン・クモク／前列右から3番目）が延吉を訪問したときに撮った家族記念写真。（1987.10.13）

李光平　個人と家族の歴史

1939年 祖父・李相俊(リ・サンジュン）一家　朝鮮咸鏡北道鏡城郡から「満洲国」間島省延吉県龍井村に移住。
父・李鳳允（リ・ボンユン)、母・全蓮玉（チョン・リョノク）もそれに同行。
1939年 父・李鳳允が開山屯鉄道駅の使用人として就職して、一家は同地に転居。
1945年 本人・李光平が開山屯にて李鳳允の第三子として出生。
1975年 写真を学びはじめる。
1986年 龍井県文化館長に就任。龍井県は1988年より龍井市に。
2000年 文化館長を早期退職して集団移民調査に没頭する。

図1：「満洲国」間島省（延吉県・安図県・汪清県含む）地図

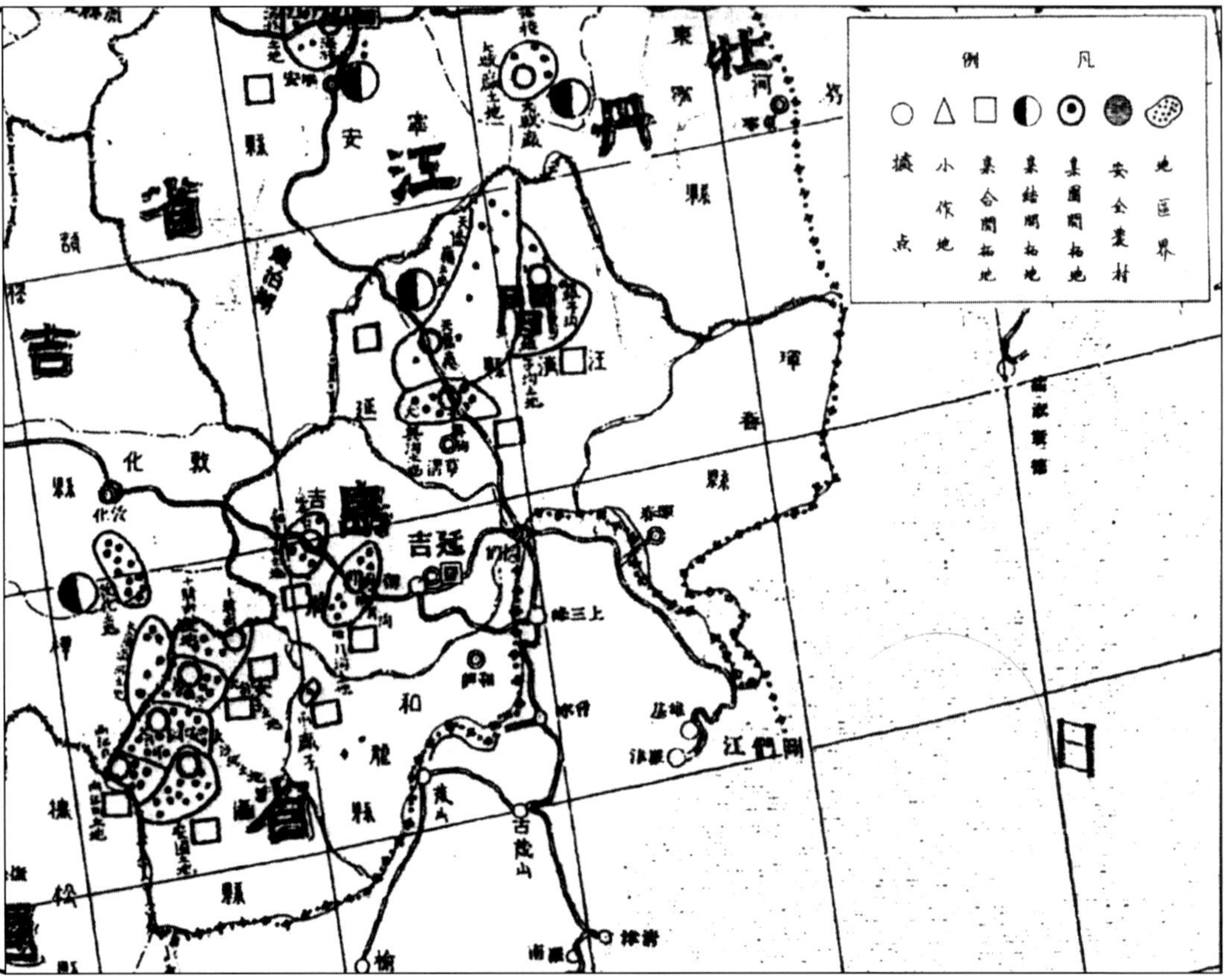

出典：満鮮拓植株式会社〔1941〕より作成

注：図2は「満洲国」政府が設置した行政区分を示す地図であり、朝鮮人が集住した間島省は朝鮮との国境にある。間島省を拡大した図1は、朝鮮人の集団移住地（凡例参照）を示す地図である。

図２：「満洲国」地図

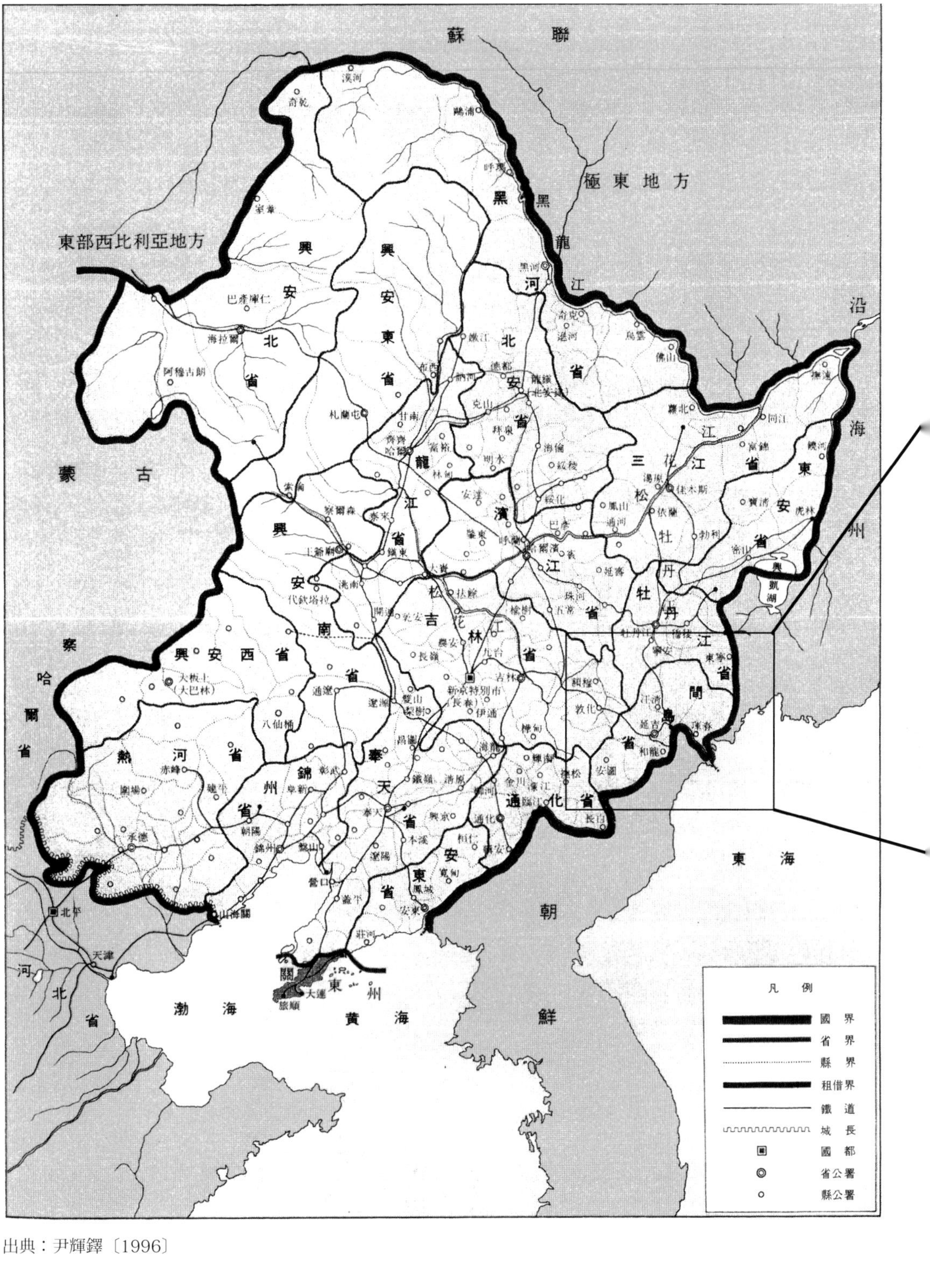

出典：尹輝鐸〔1996〕

1 移動　朝鮮から「満洲」へ

故郷朝鮮との間を分かつ鉄条網を前に、その故郷に続く橋を眺めやりながら、ひとり何を思うのだろうか？他にどうにも仕方がなくここまでやって来て、家族で力を合わせやっとのことで生きてきた、そんな歳月を背中が語る……。

日本に植民地統治されてはいたが、朝鮮には誇りを持って生きていた自分たちの生活の形があり、親から子へずっと受け継いできた家族の歴史があった。その生活の基盤が破壊されて「満洲」に行くからといって、その繋がりが消えるわけではないんだ。新しい生活を始めるといっても、朝鮮で慣れ親しんだ暮らしになくてはならない物たちをできる限り持ち込んで、それで生活の基本を守りながら頑張っていけば、見知らぬ土地でもきっと生きていけないことはあるまい。移動する不安を鎮めてくれたのは、やはりそれまでずっと続けてきた生活の形への、この信頼だったのだろう。

そんな思いから実際に満洲まで持ってきた物たちは、スッカラ（匙）、トゥッペギ（土鍋）、砧《きぬた》、鍬《くわ》に臼、そして鞄なんかも。たしかにそれらは、なによりも日常生活の必要に応じて実際に日々の支えになったものだった。しかし、本当にそれよりもっと必要だったのは、朝鮮に残してきた親兄妹や知己の者たちを写した写真、故郷の風景を映し出す写真、そして一族の歴史を刻む族譜《チョッポ》（家系図）など。こちらは、ここで生きていく心を支えるのに、なくてはならないものだったはずである。

「満洲」への移動はひどい苦難の道だったに違いないが、状況に翻弄されながらも、そこに民族の生活と歴史が連続している。

（中野敏男）

1938年、この橋を渡り汪清県涼水村西柏林屯に集団移民として来た申順浩（シン・スノ）ハルモニが、断たれた橋と咸鏡北道の故郷である穏城を眺めながら思いにふけっている。(2016.9.21)

1923年に朝鮮咸鏡南道北青郡の故郷の家の庭で撮った呉俊燮（オ・ジュンソプ）一家の家族写真。彼の祖父、祖母、父親の呉衡丁（オ・ヒョンジョン）、父方の叔父、長兄ら親戚で一緒に撮った。四角い枠の中の子どもが呉俊燮だ。（2002.12.12 呉衡丁提供）＊

中国の灰幕洞（現在の図們）と朝鮮の南陽間の豆満江に架かる国際橋も集団移民の苦難の移動の重要な通り道だった。〔パク・ファン2016〕＊

中国の灰幕洞と朝鮮の南陽間の豆満江国際橋を往来する朝鮮人たち。〔「百年延辺」画冊編委会2009〕＊

◀1935年3月、呉俊燮（オ・ジュンソプ）の両親が朝鮮咸鏡南道北青郡星岱面昌盛里から延吉県大馬鹿溝南蛤蟆塘移民村に持ってきた物。（2003. 10. 22）

1937年2月、汪清県春和村の山奥（響水、太陽、神仙洞など）に集団移住する人たちが三岔口（現在の汪清県天橋嶺）駅で降りている。〔邢志、李成主 2000〕＊

延吉県大荒溝（現在の汪清県大興溝）駅の当時の様子。〔汪清県政協文史資料委員会2015〕＊

夫の母が朝鮮から持ってきた砧（きぬた）を使っている曺占順（チョ・ジョムスン）。1932年8月、朝鮮全羅北道高敞郡雅山面明安里で生まれた曺占順は、1938年に安図県両江溝江南屯に集団移民として来た。（2002. 4. 17）

朝鮮から持ってきた餅蒸し器を使っている鄭多男（チョン・タナム）。1929年６月13日、朝鮮全羅北道南原郡谷城面で生まれた鄭多男は、1938年２月に安図県松江村北道屯に集団移民として来た。彼女の母方の祖父母は移住して来てすぐ疫痢にかかり亡くなった。（2002.５.27）

曾祖母が故郷から持ってきた臼を使う朴貞順（パク・ジョンスン）。1916年11月18日、朝鮮全羅南道高雄郡果陽面で生まれた彼女は、1939年に汪清県百草溝芳草溝屯に集団移民として来たが、彼女の姉と弟の二人が相次いで亡くなった。（2002. 10. 15）

朝鮮から持ってきた陶器を見せてくれる金永植（キム・ヨンシク）と妻の鄭玉別（チョン・オクピョル）。1934年11月8日、忠清南道保寧郡カンジェ面で生まれた金永植は、1942年に50世帯とともに安図県松江村大興屯に集団移民として来た。彼の母親が子どもを12人産んだが、移住して来てすぐに５人も亡くなった。（2002. 5. 27）

朝鮮の故郷から持ってきた鍬（くわ）を使う朴蓮珠（パク・リョンジュ）。1933年７月、全羅北道任実郡三博溝で生まれた朴蓮珠は、1939年に和龍県広坪屯に集団移民として来た。（2002.4.18）

両親が朝鮮から持ってきた家族の族譜を見せてくれる金鉉鎰（キム・ヒョニル）。いまも安図県大沙河羊草屯集団部落があった場所に暮らす彼は、多くの話を聞かせてくれた。（2002. 5. 28）

2　土塁を築いての出発

入植地として指定された場所に着いてみると、そこは岩がごろごろ転がるひどい荒れ地だったという。すぐにでも耕作ができるいい土地だと聞かされて来たのに、それは嘘だったのだ。

でも、証言によれば、本当につらい思いをするのはその後だったとわかる。着いてまもなく、まだ住む家もろくに建てられていない有り様なのに、集落を囲う土塁を作れと言われる。警察が割り込んできて、まず住む家がほしいと抗弁すると殴られた。それで、このあたりが日本の支配に抵抗する東北抗日聯軍が活発に活動する地域だと知る。それから集落を守るのが先決というわけだ。また、「満洲事変」以来、武力で一帯を制圧しようとしていた関東軍への反発があって、日本人と見なされる朝鮮人はここの住民である中国人からも攻撃されたらしい。日本が朝鮮に入り込んできて生活が成り立たなくなり、「満洲」に行けばちゃんと飯が食えると思ってやって来たのに、その日本のせいでここでは命そのものが危ない。

稲作が普及していなかった「満洲」では、水田作りのためにはまず灌漑用の用水を引くことから始めなければならなかった。この寒冷地で稲作を続けるということに、朝鮮でやってきた米作りの経験が役に立った。もっとも、万宝山事件（一九三一年）でそれが爆発したように、水利用に関する朝鮮人と中国人との思いの違い、それで不可避になる水利権の争奪は、ここでの生活に厳しい緊張を生む原因にもなったのだ。

「満洲」での生活は、侵略と植民地支配が生んだそんな抗争の戦渦の中に投げ入れられ、命を守る戦いとして始まっている。

（中野敏男）

村の道ならしをしていた話をする李道花（リ・ドファ）。朝鮮の江原道で結婚して1935年に延吉県大馬鹿溝南蛤蟆塘に移住してきた李道花は、最初の年に警察に殴られながら部落の道をならし、土塁をつくった。現在はその道がコンクリート道路に変わっている。（2003.10.22）

移民たちが土塁を築く様子。巨大な土塁を築いたことがよくわかる。〔朝鮮総督府1940〕＊

1936年に呉俊燮の家族が開拓した蛤蟆塘地区で最初の水田。朝鮮族が中国東北の地で水田農業を行なうことができなかった歴史に終止符を打ち、東北の農業構造を変えるのに歴史的寄与を果たした。（2003.10.23）

1937年2月、汪清県春和村太陽屯の定着地に着いた集団移民たちは家もなく、雪が積もった野外で釜で煮炊きしている。〔朝鮮総督府1940〕＊

延吉県大馬鹿溝南蛤蟆塘の集団移民たちが掘った最初の灌漑用水路。1936年、移住民たちは必要に迫られて家を建てる一方、雑木が生い茂る平野に5㎞になる灌漑用水路を掘り、川の水を引き入れて水田をつくった。この灌漑用水路は現在でも使われている。(2003.11.19)

集団移民初期に蔡厚禄（チェ・フロク）が建てた八部屋ある藁屋。移住してきた翌年1938年になってようやく自分の力で家を建てさせてもらえた。江原道からの移民である蔡厚禄大工が作ったこの八部屋の藁屋は、現在倉庫と豆腐作り部屋などに使われている。（2003. 11.19）

南大門の近くにあった警察分駐所の建物の現在の様子。拘留室まで設置されていたこの建物で、多くの無辜の農民たちが刑罰を受けた。現在の姿になっても建物の大きさは変わっていない。(2003.11.19)

汪清県春和村太陽屯の218世帯の集団移住民たちは、凍った地面の上に建てた「仮小屋」と呼んだむしろのテントで酷寒に苦しみながら暮らさなければならなかった。日本軍と警察は東北抗日聯軍の襲撃を防ぐために昼夜問わず警備に立った。〔朝鮮総督府 1940〕＊

入植地に到着して警察官から訓示を聞く移住民。集団部落を警察が管理している状況がわかる〔朝鮮総督府1940〕＊

小百溝集団部落の自警団員と移民〔朝鮮総督府1940〕＊

延吉県福利屯集団移民部落の前で当時の状況を紹介する崔鳳植（チェ・ボンシク）。彼らが1937年３月にここに到着した時は荒涼とした無人の大地で、抗日聯軍の活動が頻発していた。このノニレの木は、彼らが移住してきた時もこれくらい大きかった。（2005. 11. 28）

3　植民地政策としての集団農業移民

人びとは、朝鮮総督府、関東軍、「満洲国」政府による集団農業移民政策のもと、一九三七〜三九年に朝鮮半島より間島省の延吉県、安図県、汪清県の「集団部落」へやってきた。慶尚北道や慶尚南道、忠清北道からきた人びとだ。これらの出身地は、朝鮮南部の出身者という集団農業移民の特徴〔金永哲二〇一二〕とも一致する。写真のうち大きな比重を占めるのは、延吉県明月溝島安溝集団部落だ。

明月溝は、一九三八年九月に満洲国軍の朝鮮人部隊「間島特設隊」が創設された場所である。間島特設隊は、間島で一九三九年五月末〜七月末頃に活動を再開した東北抗日聯軍第一路軍第二方面軍および第三方面軍の「討伐」に参加している。第一路軍には多くの朝鮮人隊員がおり、指揮官には金日成《キムイルソン》もいた。「朝鮮人に朝鮮人を叩かせる」という日本の鎮圧政策の構図は、本章の董《トン》という朝鮮人警衛保のエピソードにも表れる。日本側は、間島特設隊が「治安維持」において「相当な成績を挙げつゝある」〔満鮮拓植株式会社一九四一〕と評価したが、どんなに日本側の制裁を受けようとも、東北抗日聯軍を助ける朝鮮人農民は存在した。

延吉県明月溝島安溝集団部落があった場所は現在、安図県明月鎮新屯村という地名になっている。私たちが二〇一七年夏に新屯村を訪れたとき、李春秀《リチュンス》ハラボジは、涙を流しながら「他郷暮らし」を歌ってくれた。

（飯倉江里衣）

延吉県・安図県・汪清県の順（三四・三五頁地図参照）に掲載している。

喜んで出迎えてくれる李交栄（リ・ギョヨン）と妻の鄭慶順（チョン・ギョンスン）。1924年8月14日、朝鮮慶尚南道陜川郡佳会面月渓里で生まれた李交栄は、1938年3月に延吉県明月溝島安溝集団移民として来た。彼は島安溝集団部落についてもっとも多くの証言をした。（2002. 2. 28）

延吉県

島安溝集団部落の跡地で自分の家があった場所を紹介する郭東賢（クァク・ドンヒョン）。現在は全て畑に変わってしまった。（2008. 11. 11）

康徳9年（1942年）7月延吉県明月溝島安溝集団部落の様子（満鮮拓植株式会社1941によると「延吉県明月溝島安溝」）。証言によると、1938年3月25日、満拓会社では朝鮮の慶尚南道陜川郡と密陽郡の60戸をここに定着させた。〔朱成華2009〕＊

1931年9月1日に朝鮮慶尚南道陜川郡大良面長子里で生まれた李春秀（リ・チュンス）は、1938年3月に延吉県明月溝島安溝集団部落に集団移住して来た。写真は、彼が両親とともに鍬（くわ）で畑を耕していた場所で、当時の話を聞かせてくれている様子。（2016. 9. 30）

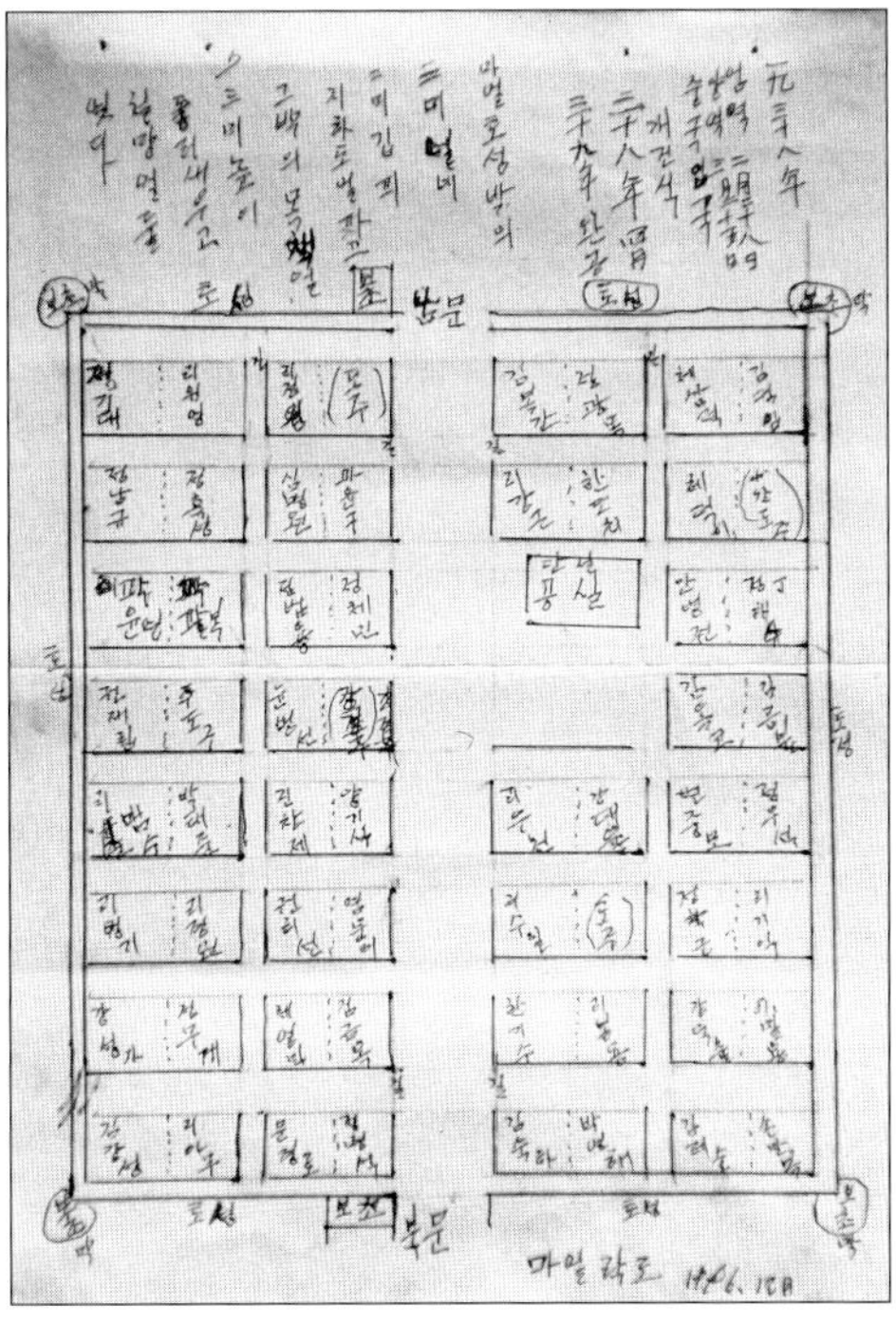

李交栄が1996年12月に書いた島安溝集団部落の略図と世帯主らの名前。その当時の部落の状況を把握するのに大きな助けになるだろう。（2001.1.28 李交栄提供）＊

島安溝集団移民部落成立76周年を記念して新屯で開催されたタルチプテウギノリ［旧正月15日の月見の日に、わら・松の葉・薪で小屋の形に積み上げたものを燃やし、農楽を演奏して踊りながら村の悪神を追い出す行事］で、アリランを歌って楽しむ李相俊（リ・サンジュン）。（2014. 3. 22）

延吉県鳳寧村煙筒砬子集団部落の自分の家の跡地の前で抗日聯軍［東北抗日聯軍］にご飯を作ってあげた話を聞かせてくれる姜順南（カン・スンナム）。1924年10月16日、慶尚南道晋州郡文山面ソムル里で生まれた彼女は1938年にここに集団移民として来た。（2007. 4. 9）

安図県羊草屯集団部落の警備哨所（砲台）の場所で「日帝［日本帝国主義］の奴ら」と罪悪を憎む金鉉鎰（キム・ヒョンイル）と池昌元（チ・チャンウォン）。金鉉鎰が立っている場所がちょうど西北側の砲台の場所にあたる。（2002. 5. 28）

安図県松江村南道屯集団部落の警察分駐所跡地で抗日聯軍に董［トン］という朝鮮人警衛保［警察の職位］が殺された話を聞かせてくれる南周一（ナム・チュイル／右側）と金鳳蓮（キム・ボンリョン）。董は警察官として日本の植民地統治のために村人を虐待して殺し、抗日聯軍を「討伐」したために抗日聯軍によって殺された。（2007. 1. 26）

1938年に設立された安図県松江村北道屯集団部落の人びとは、村の前の湿地を田に変えて、稲作を行なうことになった。写真は彼・彼女らが初めて開拓した水田の現在の姿だ。（2002. 5. 26）

汪清県春和村響水河子屯集団部落の東北側の土塁の隅に建てられた警備哨所の場所を教えてくれる金仁生（キム・インセン）。彼は1922年2月7日、朝鮮慶尚北道金泉郡甑山面で生まれ、1937年3月にここに集団移住してきた。（2003. 6. 3）

歴史文献資料で見つけた汪清県春和村響水河子屯集団部落の正門の様子。証言によると、この村は1937年3月30日、慶尚北道などから来た集団移民ら100世帯によってつくられた。〔汪清県政協文史資料委員会2015〕＊

汪清県涼水村西柏林屯集団部落の十字路の場所を教えてくれる羅基天（ラ・キチョン）。彼は1930年9月27日に朝鮮忠清北道清州郡肥沃里で生まれ、1938年3月に80世帯とともにここに集団移住してきた。（2006. 7. 14）

4 対官憲・対植民地軍

ここで語られるのは、朝鮮人の集団農業移民の生活に深く関わった「満鮮拓植株式会社」(満拓)、警察、憲兵隊、関東軍独立守備隊(以下、守備隊)、朝鮮人対日協力者(「張コン棒」)、東北抗日聯軍、中国人「土匪」に関する記憶だ。ただし「土匪」とは抗日ゲリラに対する日本側の蔑称であり、日本に家や土地、村を奪われた背景への注意が必要だ。

とりわけ満拓は、朝鮮人の移民先や生活を左右した。満拓は、関東軍の統制下で「新京」(現長春)に創設され、「満洲」移住後の実務を担当した国策会社だ。「集団移民」政策では、「自作農創定」の名目で入植や部落建設の経費が融資された。つまり借金だ。現地では牛などの配給もあったようだ。しかし関東軍は「治安粛正」の目的を優先させ、抗日聯軍の活動が活発な間島などの荒れ地に移住させた。そのため朝鮮人農民は抗日聯軍に対する「自衛」を強いられたのに、実際の耕地面積は少なく、負担と負債はたまる一方だった。

満拓は、警察と結託して農民の収穫物を強奪し、期日に渡さないと放火し(宋根虎の語り)、死んだ虎も奪った(申鉉万の語り)。警察は父を殴り殺した(朴洪来の語り)。守備隊は抗日闘士を拷問・虐殺した(朴龍求の語り)。日本軍に強制徴兵された兄は、爆弾をくくられ、ソ連軍の戦車の下で爆死した(成学淵の語り)。

しかし朝鮮人移民も従うばかりではなかった。満拓が山奥に移住させようとすると、満拓前に座り込んで抵抗し(李元甲の語り)、悪質な警察には村の青年たちが立ち向かった(趙元善の語り)。

本章・次章は、こうした証言を活かすため、県別にほぼ時系列に掲載している。

(金富子)

警察が穀物の山を燃やした罪業を公訴した宋根虎

宋根虎《ソングノ》。男。一九一九年一一月二七日、朝鮮咸鏡南道高原郡興里で生まれ、一九三五年三月に延吉県大馬鹿溝南蛤蟆塘へ移民として来た。

一九三八年秋、満拓会社［満鮮拓植株式会社］では、どんな家であれ指定した期日までに穀物をすべて畑から家に持ち帰らなければならず、もしその期日までに持ち帰らなければ「共産匪賊」に渡そうとしているものとみなし、畑で直接穀物を燃やすと定めた。

ところが宋根虎の家は、牛もなく、労働力も少なく、収穫して畑に積んだ豆を期日までに持ち帰ることができなかった。規定された期日になると、武装した警察が宋根虎の家の豆畑にいっしょにやって来て、うむを言わせず積まれた豆束の山すべてに火をつけるのだった。

宋根虎がひざまずいて哀願しても、警察官らはののしりながら銃床で押しのけて、燃やし続けた。豆束が燃え尽きるまで、警察官らは悪魔のように見張りながら、口汚くののしって帰るのだった。

米を食べて生活する警察らが米を燃やしたのだから、彼らは天罰を受けるべきではないか。

宋根虎（ソン・グノ）と妻の盧蓮花（ロ・リョナ）。二人と後ろの藁屋は移民して来た翌年の1936年に建てた家である。（2003.5.11）

張コン棒が義母と父を殴打していたかつての場所で、張コン棒の罪悪を訴えている朴貞淑（パク・ジョンスク）。(2004.5.26)

張コン棒から酷刑を受けた朴貞淑の夫の母

朴貞淑《パクジョンスク》。女。一九二七年、朝鮮慶尚南道三泉郡三泉面で生まれ、一九三七年の春に両親に連れられ延吉県太平溝村（現・延吉市三道湾鎮）に集団移住した。その後、延吉県鳳寧村発材屯集団移民部落に引っ越してきた。

発材屯集団移民部落の警察分駐所の所長である張万福《チャンマンボク》が、日本人を後ろ盾にして無辜の民をコン棒でしょっちゅう殴ったので、みんなは彼を「張コン棒」と呼んでいたそうだ。

ある日、張コン棒は土塁を築いている鄭成範《チョンソンボン》屯長を訪ねて喧嘩をふっかけ、いきなりコン棒で容赦なく殴って怪我をさせた。またある時は、自分の家の服が盗まれたと鄭屯長を陥れて、鄭屯長を半殺しになるほどめった打ちにした。

ところが、朴貞淑の義母が鄭屯長の見舞いに行ったとケチをつけた張コン棒は、手下を連れて貞淑の義母のところにやって来て、彼女をコン棒で激しく殴ったあと、髪の毛をわしづかみにして地面に力強く投げ倒した。木串で義母の指をねじってひざまずかせ、尻とものつけ根の間に割り木の一片を差し込んで、手下たちが割り木の上に上がったり、押さえつけたりしたそうだ。義母が気絶すると酷刑を止め、ののしりながら帰ったという。

このように、張コン棒は屯長と親しくする者に対して、横暴に振る舞ったそうだ。

こうして鄭屯長はどこかに消えてしまい、村全体はおぞましい恐怖に震えたそうだ。朴貞淑の父も警備にあたったときに居眠りしたという理由で、張コン棒に何度も殴られたそうだ。

光復［日本敗戦］後、張コン棒は被害者たちに殴り殺された。

噴霧器に水を入れる李成ドル（リ・ソンドル）。彼は「土匪」から暴行を受けた。（2002..5.10）

「土匪」たちに暴行と殴打を受けた李成ドル

李成《リソン》ドル（「ドル」の漢字は石に乙）。男。朝鮮慶尚南道咸陽郡柏田面大安里で生まれ、一九三八年旧暦三月に延吉県鳳寧村合水洞に集団移民として来た。

日帝［日本帝国主義］が集団移民部落を設置したことによって、村と土地を失った漢族の人々と、職がなく他人から財物を奪い取るのが得意なゴロツキらで組織された武装団体を「土匪」［中国人ゲリラ］と呼んだ。

一九四四年の夏、数十名の「土匪」の群れが村に攻めて来て、家々をまわりながら人々の胸に銃口を突きつけて、食糧も衣類も皿もすべて差し出すよう脅した。また、村人たちに対し、自分たちが持っていく品物を村の中心にある広場に集めさせたそうだ。

李成ドルの家の中に乗り込んできた「土匪」三名は、いきなり成ドルの兄を引っ張り出して、身体検査をした。すると、兄の腰ひものなかから一〇〇ウォン札一枚を見つけ、もっと金を出せと成ドルの兄と母を革ベルトでひどく殴り、家じゅうをくまなく探したという。その間に、母は衣服を米とぎ甕に突っ込んだそうだ。成ドルが怖くて泣くと、「土匪」は彼の頬をひっぱたきながら、これ以上泣くと殺すと銃を突きつけたそうだ。

何も探せなかった「土匪」たちは衣服を持っていこうとしたが、衣服が米とぎ甕に浸かっているのを見て、ののしりながら真鍮の器を取りまとめて出て行ったという。

延吉県鳳寧村の福利屯警察分駐所の跡地で日本の警察らの罪業を呪う
崔鳳植（チェ・ボンシク）。（2005.11.28）

強制軍事訓練の中で苦労した

崔《チェ》鳳《ボン》植《シク》。男。一九二一年、朝鮮慶尚南道咸陽郡馬川面江川里で生まれ、一九三七年三月に延吉県鳳寧村福利屯へ集団移民として来た。

崔鳳植は、一九四四年夏季の七、八、九月に軍事訓練を受けた。訓練中で一番切なかったのは空腹なことだった。そのため夜になると、歩哨兵と約束して隣りの部落に行き、飯やおこげを食べさせてもらったり、訓練所に帰って来ては、歩哨兵におこげを一かたまりずつあげた。

一度、便所でおこげをこっそり食べていたのが見つかり、朝鮮人教官に死ぬほど殴られた。そこで、訓練を終えてからその朝鮮人教官を殴り殺そうと思い探したが、彼はとっくに逃げた様子だった。

日本人教官たちは、九月末でとっくに寒い時期なのに、フンドシだけで川に入らせ、渡川訓練をさせた。一九四五年光復前にも、短期訓練を受けたという。

日本軍の強制徴兵訓練で苦労した金容真（キム・ヨンジン）と
妻の尹順植（ユン・スンシク）。（2003.5.11）

日本軍に強制徴兵され苦労した金容真と権良植

金容真《キムヨンジン》。男。一九二四年一二月二五日、朝鮮慶尚北道慶山郡吉良面で生まれ、一九三五年三月に朝鮮江原道鉄原郡から延吉県大馬鹿溝南蛤蟆塘に移民として来た。

一九四五年初春、金容真は同じ村の権良植《クォンリャンシク》とともに赤紙を受け日本軍に強制徴兵され、後河で軍事訓練を受けた。日本人は、朝鮮語を話すと罰を与え、日本の天皇に忠誠を尽くす宣誓文［「皇国臣民の誓詞」と思われる］を必ず暗唱させた。

金容真らは、後河での訓練を終えて大興溝に集結し、引き続き軍事訓練を受けた。五〇キロも超えるカマス［藁むしろの袋］に入れた砂を背負い、一〇〇メートルずつ走って戻って来たところで、容真は倒れてしまった。すると、日本人教官が容真をむちで打ち、早く起き上がらないとこの場で殴り殺してやると罵倒した。しかたなく容真は起き上がって再び走った。

一度、訓練時に教官に内緒でこっそり小便をした。すると、教官が「出てこい」と言って、容真がまっすぐ立つ前に、靴を履いた足で容真の下腹を蹴飛ばし、こぶしで殴り倒した。容真が覚悟を決め命がけで戦おうとすくっと立ち上がって、立ち向かおうとしたが、他の日本人教官が容真を強く投げ倒したあと、靴を履いた足で踏みつけた。もし反抗していれば、両親にも会えず、恨みを晴らす前に死んでいただろう。絶対に生き残ってやるという反発心を持って、容真はぐっと我慢するしかなかった。

ある日、日本人将校は、戦場に出ることになるからと、兵士たちの名前と軍隊番号が書かれた小さい紙袋を渡して、手足の爪、髪の毛、証明写真を入れて軍服の中のポケットに入れておくように言った。ところが半月過ぎても、戦場に出るという命令がなかった。

また数日経つと、［日本敗戦のため］日本人らが幽霊のように消えていった。日本の侵略者たちが敗けたので、容真らは家に帰ることができたのだ。

妻と一緒に乾燥薬料を売っている李永玉（リ・ヨンオク／右）。（2003.7.4）

日本の敗残兵たちが、飼っている豚を略奪した

李永玉《リヨンオク》。男。一九三八年四月八日、朝鮮全羅南道霊光郡霊光面霊光里（徳魚里）で生まれ、一九四〇年に延吉県春陽村上梨樹溝屯に集団移民として来た。

一九四五年八月、日帝が滅び、ソ連軍が上梨樹溝村に駐屯することになると、上梨樹溝の人々は大梨樹溝に避難した。ところが李永玉は、家財と飼い豚を守るために、そこに残って数日間歩哨に立つことになった。ソ連兵たちは、任務遂行のために出発したのか、姿が見えなかった。

日本軍人五、六名が家に乗り込んできて、麦飯をがつがつ食べて行った。そして、豚小屋に行って、刀で黒豚一匹を刺し殺して連れて行ってしまった。撤収する隊伍から離脱した日本軍の敗残兵たちだったようだ。

満拓会社の前で座り込みをした話を聞かせてくれた
李元甲（リ・ウォンガプ）。（2002.5.19）

満拓会社の前で座り込みをした朝鮮人移民たち

李元甲《リウォンガプ》。男。一九二四年一二月四日、朝鮮の江原道春川郡春川面で生まれ、一九三九年旧暦三月に安図県大沙河高城屯集団移民部落の近くの春陽屯に集団移民として来た。

李元甲たちは、臨時で高城屯に約半月ほどいたが、満拓会社では彼らの部落の移住地を高城屯から約二〇キロ離れた山奥に置くことに決定した。

すると、部落長と班長たちが四〇戸余り、二〇〇名余りの移住民全員を連れて大沙河の満拓会社の庭へ行き、あそこには行けないから別のところを移住地にしてほしい、と座り込みを始めた。子どもをおぶる人、包みを担ぐ人、布団を背負う人、ひさごを持つ人、本当にすさまじかった。満拓会社が説明をし、警察がさんざん叱りつけても、誰一人としてその場を離れなかった。

せっぱつまった満拓会社では、二〇〇名余りを満拓会社の倉庫に入らせ、粥を炊いて与えた。

三日後、満拓会社と村公所は、彼らの村を高城屯から約三キロ離れた小さい平原につくることにし、その村の名前を春陽屯と呼ぶことにしたという。

「高城屯事件」抗日闘争の話を聞かせてくれた金花玉。(2002.5.2)

「高城屯事件」抗日闘争の話を聞かせてくれた金花玉

金花玉《キムファオク》。女。一九三八年三月、朝鮮江原道水洞面から両親らが安図県大沙河高城屯に集団移民として来て、金花玉はその年の四月二九日、乾いた草を敷いたむしろの仮小屋の中で生まれたという。

彼女は、父と母から「高城屯事件」の話を耳にタコができるほど聞いたそうだ。一九三九年八月二七日、東北抗日聯軍第一路軍総司令部警衛旅第三団の七〇名余りが団長崔哲寛《チェチョルグァン》の引率下で高城屯にやってきて糧食を求めた。すると、高城屯自衛団の団長姜仁吉《カンインギル》が日本軍に密告した。

翌日の夜中、日本軍は村を封鎖したが、抗日聯軍らは農民に変装して包囲網を破っていった。戦友たちを援護していた崔哲寛は、頭に重傷を負って逮捕された。日本軍は崔哲寛などの三名を屯の南側の道端に連れて行き、針金で崔哲寛の傷を縫ったあとに拷問をした。崔哲寛らの意志が確固として動かなかったので、日本軍は三名を一つの土の穴に生き埋めにしたそうだ。

柳の枝で箕（み）［脱穀用バスケット］と筌（うけ）［漁具］を編んだ朴龍求（パク・リョング）。（2002. 5. 13）

日本の守備隊が抗日闘士を拷問・虐殺するのを目撃した

朴龍求《パクリョング》。男。一九三〇年一月二六日、朝鮮全羅北道扶安郡白山面源泉里で出まれ、一九三八年旧暦二月に安図県両江村全北屯に集団移民として来た。

一九四一年、両江小学校に近い守備隊本部で、抗日闘士の一人が拷問を受けるのを直接目撃し、拷問する音も聞いた。日本人らは、拷問する時にその抗日闘士を横にして縄でしっかり縛ったのち、ヤカンで唐辛子汁を抗日闘士の鼻と口に注ぎ込み、彼が気絶すると冷水を浴びせて目を覚まさせた。そして、逆さまにして吊るして鞭で力いっぱい殴りながら、機密を打ち明けるよう要求したそうだ。

しかし、その人は悲鳴を上げながらも、何も知らないと言い続けたそうだ。やがて抗日闘士の口から血がどくどくと流れ出ると、すぐさま彼は自分の舌を噛み切ってしまったという。

日本軍は、両江の機関・団体・学校の関係者と住民、約一〇〇〇名余りをも学校の運動場に集めたあと、真っ黒な布で目隠しされたその抗日闘士をひざまずかせて座らせた。そして、その抗日闘士の「罪悪」を公表すると、日本の憲兵が軍刀を振り回して、抗日闘士の首をスパッと切った。

のちに日本人らは、その抗日闘士の耳を針金で縫ってから、その頭を両江の市街地の中心の通りの電柱にぶら下げて、行き来する人びとに見せたという。のちに、耳が腐り頭が地面に落ちると、犬たちが駆け寄って噛みちぎっていたそうだ。

ビニールハウスで野菜を育てる申鉉万（シン・ヒョンマン）と
妻の李海徳（リ・ヘドク）。（2002.4.17）

日帝に騙され、虎を奪われた

申鉉万《シンヒョンマン》。男。一九三三年五月三日、朝鮮忠清南道扶餘郡忠化面で生まれ、一九四四年旧暦三月に安図県両江区江南屯に集団移民として来た。

一九四四年一二月、李貴煥《リグィファン》など一二名の江南屯集団移民部落の大人たちは、納めるために収穫した豆を牛車に載せて大沙河に発った。一番後ろで牛を追い立てながら歩いていた李貴煥は、偶然川岸の丘で腹ばいになっている虎一匹を発見した。彼は手綱を放して忍び足で虎に近づくが、いくら気配を出しても虎はなんの反応もしなかったそうだ。近づいてみると、虎は死んでいたのだ。大儲けをしたと考えた李貴煥はうれしさのあまり、いっしょに来た大人たちを立ち止まらせて、自分の車の豆を代わりに納めておくよう頼んだ。死んだ虎を車に載せて家に帰り、飼っていた豚を二匹も持ってきて、翌日村で祝宴を開いた。

ところが、満拓会社が日本の警察とともに家に乗り込んできて、いきなりその虎を差し出せと言うのだった。どうしてそうしなくてはならないのかと聞くと、満拓会社の人々は帳簿を広げ、李貴煥が満拓会社に借りた牛、家と土地の値段、農器具代、朝鮮から来た時の交通費などを計算すると、虎の値打ちより高くなるというのだった。そのため、満拓会社への借金を返す前までは、誰一人いかなる金も持つことができないというのだ。

植民地奴隷として生きる村の人々は、銃口の前ではお手上げだった。村の人々は、鮮拓会社［鮮満拓殖株式会社］や満拓会社による移民募集の際の宣伝は、真っ赤な嘘だったことを改めて思い知らされた。この時より江南屯の人々は、「死んだ虎が生きている豚二匹を食ってしまった」という話を作り、後世に伝えているという。

強制徴兵訓練を受けた話を聞かせてくれる朴洪来（パク・ホンレ）と妻の李玉姫（リ・オギ）。（2003.7.12）

父は警察官に殴り殺され、自らは強制徴兵訓練

朴洪来《パクホンレ》。一九二三年一月一九日、朝鮮慶尚北道星州郡草田面紫陽洞(内洞)で生まれ、一九三八年二月二日に汪清県羅子溝四道河子へ集団移民として来た。李玉姫《リオッキ》。女。一九三二年一二月二七日、朝鮮慶尚北道高靈郡邑内面蓮池洞で生まれ、一九三七年九月に五〇戸とともに羅子溝西碱場溝に集団移民として来た。朴洪来の妻だ。

移住してわずか一〇日後、朝に呼子笛の音が鳴り、朴洪来の父がすぐに広場に走って行った。巡査の一人が父を見て、なぜ遅れたのかとゲンコツで胸のあたりをぶん殴ったそうだ。父は胸を握りしめて倒れたが、警察官は仮病を使っているとして、足蹴にしたそうだ。父は、他の人の助けでかろうじて家に帰って来たが、それ以来寝たきりになった。その警察官は薬を使えと言って、家族とともに去った。薬を使っても効き目がなかった父は、旧暦七月二三日に亡くなった。すると、医師が薬代を払うようにと、洪来の釜の蓋に証紙を貼った。村の年配者たちの助けで、洪来は数ヶ月間、薪を作ることを条件に薬代を返したのだ。李玉姫の父は、警察分駐所に出された宣誓文［「皇国臣民の誓詞」と思われる］を暗記できなかったために、革ベルトで半殺し状態になるまで殴られたそうだ。

一九四五年の春、日帝による強制徴兵の第一期の年齢に相当した朴洪来は、羅子溝訓練所に行って三カ月間軍事訓練を受けた。毎日殴られた。教官は訓練兵五〇名を全員向かい合わせで立たせて、互いの頬を死ぬほど殴らせた。訓練を終えて、赤紙の召集令状を待っているところであった。徴兵一期生である洪来、海出《ヘチュル》、道植《トンシク》、学求《ハック》、河求《ハグ》は最後まで赤紙が来なかったので、戦線に出ることなく光復を迎えた。

悪質な警察官を殴った話を聞かせてくれている
趙元善（チョ・ウォンソン）。（2003.6.18）

村の青年たちが悪質な警察官を殴った

趙元善《チョウォンソン》。男。一九三一年六月二五日、朝鮮忠清北道陰城郡蘇伊面中島里一〇三九番地で生まれ、一九三八年旧暦二月に汪清県鶏冠郷霍家營に八〇戸余りとともに集団移民として来た。

一九三八年四月、申炳哲《シンビョンチョル》という霍家營集団移住民が、通行証なしに大興溝に行ってきた。そのことで、霍家營警察分駐所の警察官が、申炳哲を捕まえて川辺にひざまずかせてから、日本軍の軍刀で切り下ろしたそうだ。

家も建て畑も掘り起こして生活が安定しはじめると、村の青年たちは力を合わせて警察の暴行に対処することにした。旧暦一二月の冬至の雪が降る極寒期に、霍家營分駐所の警察官が、村の年配者が自分に挨拶をしなかったと横暴なふるまいを始めた。

待ち構えていた村の青年五、六名がぱっと飛びかかり、その警察官の制服と軍刀などを奪ったあと、パンツだけにして、死なない程度に殴って踏みつけてから、こんど農民らに横暴な振る舞いをしたら、すぐに殺してやると脅した。そして、零下三〇度に近い屋外に彼をほうり出した。ひどい目に遭ったその警察官は、ひとりで裸のまま一五キロも走って鶏冠分駐所まで逃げた。

三日後、安図県憲兵隊が車に軍人たちを載せて霍家營にやって来て、報復しようとした。その時、村の年配者らが出てきて、警察官が農民たちに対して横暴なふるまいをした罪悪の数々を憲兵隊の前で列挙して述べた。あきれてものが言えなかった憲兵隊は、それ以上どうすることもできず、すぐに撤収した。

その後、その警察官が再び村に姿を現すことはなかったという。

朝鮮人なのに白米を食べていると言って、警察が横暴に振る舞っていた話を聞かせてくれた金潤基（キム・ユンギ）。（2003.7.12）

白米のために長兄の妻は警察官らに殴られた

金潤基《キムユンギ》。男。一九三〇年一一月一〇日、朝鮮慶尚北道醴泉郡大門面富岩洞で生まれ、一九三七年に汪清県羅子溝地域煙筒砬子に集団移民として来た。

移住して来た翌年［一九三八年］から稲作を始めたが、秋になると警察が稲の脱穀のようすを見張りながら、米を一粒も残さず奪っていった。すると、村の人々は隙を見て稲を少しずつ隠したそうだ。

一九四〇年末のある日、金潤基の長兄の妻が隠していた稲をついて、ご老人をもてなそうとした。運悪く上河分駐所の警察官らが彼の家に入って来て、釜の蓋を開け白米を見つけたそうだ。すると、警察官らは炊いたご飯をボウルによそって長兄の妻に持たせ警察分駐所に連行して、むちで激しく打ったそうだ。

当時は、一等国民の日本人だけが白米を食べることができた。日本の統治者たちは二等国民の朝鮮人には粟を、三等国民の漢族などの他の民族の人びとにはコーリャンを食べさせたのだった。

話を聞かせてくれた辛澤重（シン・テクチュン／左）と
辛授吉（シン・スギル）。（2003.5.1）

父は酒をつくったことで一週間拘留された

辛授吉《シンスギル》。男。一九三三年五月二一日、朝鮮慶尚北道慶州郡江西面で生まれ、一九三九年（他の方の証言によると一九三八年）に汪清県羅子溝腰子溝に集団移民として来た。

辛澤重《シンテクチュン》。男。一九三三年一二月二六日、朝鮮慶尚北道慶州郡江西面で生まれ、一九三九年（他の方の証言によると一九三八年）に汪清県羅子溝腰子溝に集団移民として来た。辛授吉と辛澤重は従兄弟である。

太平洋戦争［一九四一年一二月］が起きると、満拓会社は農民たちの糧食を根こそぎ奪って配給制を実施した。しかも、米は一粒も食べさせなかった。万が一発見されれば、警察に捕まり殴られ拘留され、そのうえ監獄に入れられたりもした。

辛授吉の父が、小麦の残りカスを麹にして酒をつくった。ところが、食糧調査をする警察が麹と酒を見て、有無を言わせず彼の父親を警察署に連行して、一週間も拘留して殴って食事を与えず、飢えさせた。それでも、同じ村の若い女性が警察署で記録係を務めていたため、彼女の助けで釈放されたという。

当時は、集団移民村ごとに警察が駐屯し、自衛団には銃が渡された。そのうえ、村の人々のなかから秘密裏に密偵を養成して、農民たちの言行を監視し、抗日聯軍の情報を提供させ、その兵士を逮捕することも行なった。

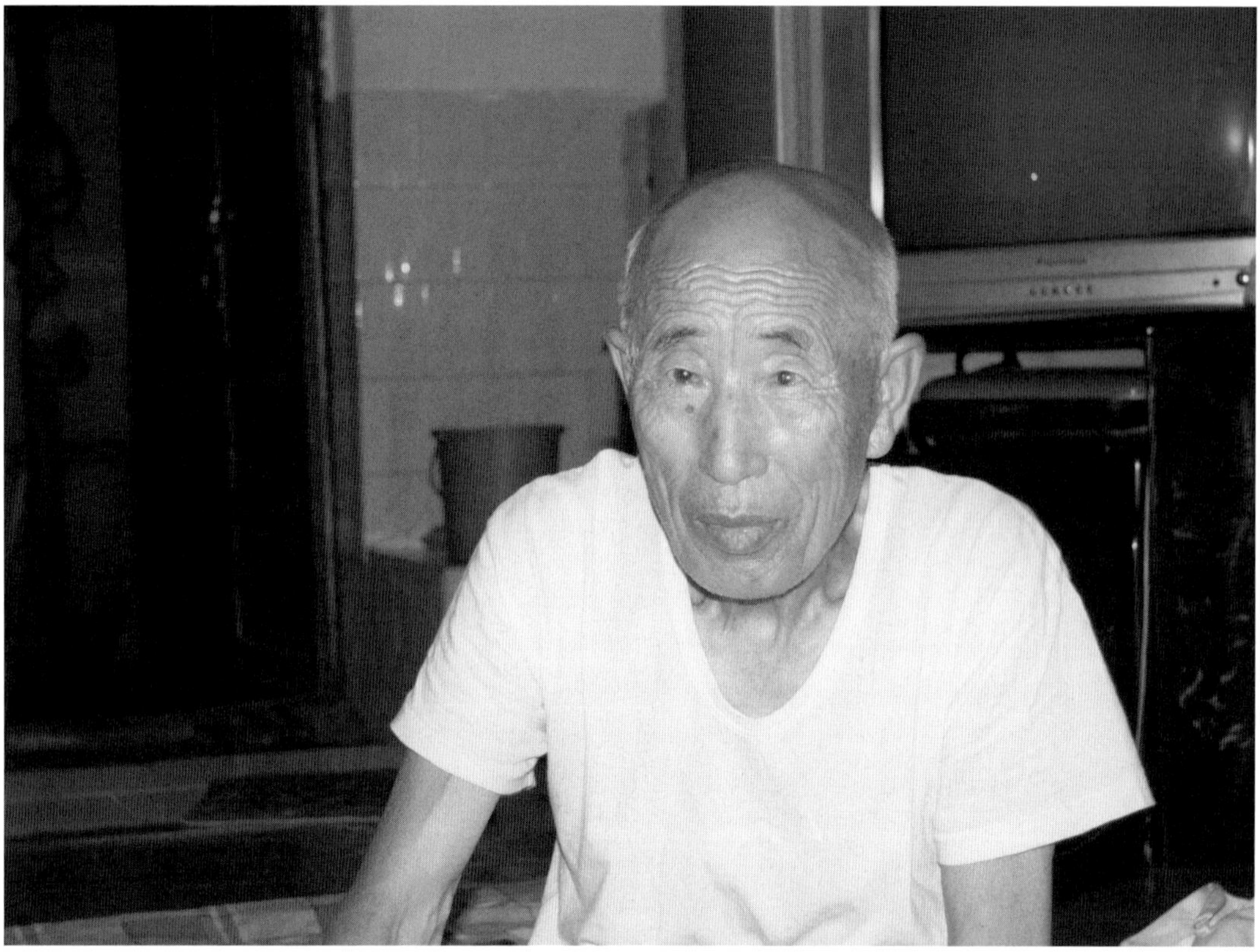

勤労奉仕に通った話をする金永起（キム・ヨンギ）。（2006.7.12）

父の代わりに勤労奉仕に行かされた

金永起《キムヨンギ》。男。一九二六年九月一二日、朝鮮慶尚北道醴泉郡龍宮面邑富里で生まれ、一九三七年二月に汪清県春和村神仙洞に集団移民として来た。金玉培《キムオクベ》［後出］の実兄である。

その当時、満拓会社は家ごとに無条件で男性を一人ずつ出すことを強要し、木材労働に三カ月、松根油工場に三カ月行かせ、「奉仕」をさせた。

一九四四年に金永起は、父の代わりに一八歳で張家店に木材「奉仕」に行ったが、採伐の仕事はせずに木材積みを三カ月間した。翌年、再び茶条構付近の葡萄溝（葡萄谷）という場所の松根油工場で働いた。その時、金永起は若かったため、松の根を掘る仕事はせず、牛に餌をあげて牧草を刈る仕事をした。

ところがある日［日本敗戦後］、上空で飛行機の音が騒がしく鳴り、大きな飛行機が飛んで行った。すると、日本人らは食事を中断し、仮小屋を草と木で覆うようにと言うのだった。翌朝、日本人らは、みんなを家に帰らせた。

数日後、投降した日本軍たちが八人溝の谷の中から列をつくって三岔口側に向けて撤収し、その隊伍は二岔口（現・東新村）まで並んでいたそうだ。

日本軍が神仙洞に三日間宿泊していたが、「奉仕隊女子（「慰安婦」のこと）」も十数名がいたそうだ。

日本軍にいた朝鮮人たちは、農民から服を借りて着て、こっそりと逃げたそうだ。

ソ連軍の捕虜となった後に釈放された

李龍俊《リリョンジュン》。男。一九二五年一月一日、朝鮮忠清北道清州郡（現・清原郡）江外面東平里で生まれ、一九三八年旧暦二月に汪清県涼水村西柏林屯集団移民として来た。

李龍俊は、二六五部隊に所属し、満洲里から近い山に駐屯しながらソ連軍と戦う準備をしていた。部隊ではソ連軍の戦車部隊の進入を防ぐために、朝鮮人たちに爆弾を背中にくくりつけさせ、敵の戦車の下に入る準備をしろと言った。幸いなことに、彼らの戦線にはソ連の戦車が入って来なかった。彼らの部隊は、銃も大砲も数発しか撃てずに、ソ連軍の生け捕りとなった。

彼らは全員、捕虜収容所に集められた。ソ連軍は朝鮮人一二〇〇名余りを別に収容し、別の仕事もさせたそうだ。そして、日本人たちを全員移したあと、朝鮮人たちをハイラル収容所に監禁した。のちにソ連軍が釈放証を出し、家に帰って来た。

ソ連軍捕虜となり、後に釈放された話を聞かせてくれた李龍俊（リ・リョンジュン）。（2006.7.15）

日本軍の「決死隊」としてソ連の戦車の下に入って亡くなった兄・成学淵（ソン・ハギョン）の話を聞かせてくれた成福洙（ソン・ボクス）。（2006.7.14）

日本軍の「決死隊」でソ連軍の戦車の下に入って死んだ兄

成福洙《ソンボクス》。女。一九三〇年四月一三日、朝鮮忠清北道清州郡北二面下上里で生まれ、一九三八年旧暦二月に汪清県涼水村西柏林屯へ集団移民として来た。

成福洙の兄である成学淵《ソンハギョン》は、一九四五年八月初め、日本の軍隊に行く際に村々をまわり、千個の結び目を縫い付けた「千人針」を持って出発したという。

成学淵は、満洲里付近の中ソ国境の陣地で、ソ連軍と戦おうとしたという。ソ連軍の戦車部隊が彼らの陣地に進攻してくると、朝鮮人の「決死隊」に爆弾を背中にくくりつけ戦車の下に入って爆破するよう命令したという。

こうして成学淵は、日本軍の銃口の前でソ連軍の戦車の下に入って亡くなったそうだ。

成学淵が犠牲になった話は、光復後に帰って来た成学淵と同じ部隊にいた朝鮮人たちの伝達と閔洪基《ミンホンギ》の口述を通じて、知られるようになったそうだ。

日本軍に強制徴兵された話を聞かせてくれる閔洪基（ミン・ホンギ）。（2001.9.12）

日本軍に強制徴兵された

閔洪基《ミンホンギ》。男。一九二五年、朝鮮忠清北道清州郡（現・清原郡）内秀里で生まれ、一九三八年旧暦一月二三日に汪清県涼水村西柏林屯に集団移民として来た。洪基の家など八〇世帯は、「東南溝」と書かれた布の切れ端を掲げて涼水村石頭屯まで来たが、八里離れた西柏林という無人の土地に仮小屋を建てて住むことになった。

満拓会社では、世帯主を選んで汪清県四人班の谷の中の桶子溝という場所に仮小屋を建てさせ、西柏林に住む全員をそこに移住させようと計画した。ところが、桶子溝は赤みがかった色の水が出る湿地で、人が住めないところだったそうだ。そのため世帯主たちは、満拓会社に桶子溝には住めないと抗議をした。

数日後、満拓会社は日本軍人らとともに車を持って来て、集団移住民の家族らに桶子溝へ移動するよう脅かした。すると、李万鳳《リマンボウ》という中年男性が胸板を銃の前に当てながら、「よし、銃を撃て！　すぐ私の胸板に銃を撃て！　朝鮮でも住めず、ここでも住めないのなら、いっそのこと死んだほうがマシだ。撃ち殺せ、撃ち殺せっていうんだよ！」と飛びかかった。日本軍が空砲を撃つと、村人たちは鉄壁の防御で強く抵抗した。村人たちは、警察がこちらの車に人を乗せると、あちらの車に乗せられた人が逃げ降りるという形で、必死に警察に対抗した。すると、疲労困憊した満拓会社は、彼らが西柏林に居住してもよいことにしたという。

一九二五年生まれの閔洪基は、同村の成学淵《ソンハギョン》と李龍俊《リリョンジュン》とともに、一九四五年八月初めに日本軍兵士となってハイラルまで行ってそこで別れた。五一五部隊に配属された閔は、満洲里の向かい側の中ソ国境線で九月一五日までソ連軍に抵抗した。大敗した日本軍は四方八方に散らばった。閔は、牡丹江で入隊した朝鮮人張潤植《チャンユンシク》と一緒に逃げたが、非常に幸運なことに、中国人の助けで脚の怪我を治療して、家まで帰って来た。

5 東北抗日聯軍との接触

樹が語り出す。

そういうことがある。自分のいのちの時間と歴史の時間を紡ぎ合わせてきた樹。日本側が手に入れようとした場所に、変わらず立ち続け、現地の人びとの植民地体験を目撃してきた。

汪清県百草溝、かつての日本総領事館分館警察署の庭に立ち、今もそこに立ち生き続ける巨大な一本の柳の樹である。その下で抗日兵士と人士が多く拷問され殺害され、樹は現在、史跡として保存されている。

農地が手に入るといった宣伝と誘いのもと植民地朝鮮を離れ、朝鮮人移民たちは「満洲国」間島省で生活を始める。しかしその地もやはり植民地政治とそれへの抵抗闘争の場所であった。集団移民の各村は日本側の統治に異議と抵抗の闘いを続ける東北抗日聯軍の各拠点に近く、移住生活はつねに日本側警察・軍隊との衝突にさらされた。集団移民地の人びとは、送り出しの朝鮮総督府と受け入れの関東軍・「満洲国」によって、日本側政治の「防御壁」とされたのである。

各「集団部落」の当時を直接体験した世代、その子どもの世代は証言する。苦しい闘いを周辺の山々で続け自給生活をする抗日聯軍部隊には朝鮮人隊員も多かった。隊員たちが山を下りて生活の糧を請うのに応じ、時に連絡を交わし、拠点まで物の運搬を手伝うことも多かった移民たち。「この村を襲うから君たちは故郷に帰れ」という抗日のそして過酷な内容のビラも受け取った。日本側に生き埋めにされた抗日兵士のこぶしはいつまでも土中から突き出ていたという。あの柳の樹はそのようにして歴史の地層からいま地上に突き出ている。樹がすべてを見たように彼・彼女らは体験し語った。歴史の場所はいまも続いている。（橋本雄一）

汪清県百草溝の旧日本総領事館分館警察署の地に今も立つ柳の樹。
（写真は橋本雄一撮影）＊

樹の歴史説明プレート。「警察署は1910年から1937年のあいだ、国内反動勢力と結託し、樹齢100年のこの柳樹の下で、多くの抗日の軍民を残虐に拷問し殺害した。天をも突く大きな罪を犯した。」（写真は橋本雄一撮影）＊

抗日聯軍が南蛤蟆塘集団移民部落にやってきた北大門の昔の跡を教えてくれる呉俊燮（オ・ジュンソプ）。（2003. 10. 23）

南蛤蟆塘集団移民部落を「襲撃」した抗日聯軍

呉俊燮《オジュンソプ》。男。一九二二年一二月二七日、朝鮮咸鏡南道北青郡聖代面昌星里で生まれた。一九三五年三月、延吉県大馬鹿溝南蛤蟆塘《ハマタン》集団移民として来た。

移住して来た翌日の朝、外に出てみると、こんもり降りつもった雪の上にビラ一枚がおかれてあった。

ビラの真ん中には、東北人民革命軍が日本軍の頭部に釘を打つ場面と日本軍の軍人の腹を槍で刺す絵が描かれていた。絵の右側には、漢字で「集団部落」と書かれ、絵の左側には「集団「部落」に火を付けると焼け死ぬから、君たちは故郷に帰れ」と書かれていた。間違いなく東北人民革命軍から送られたビラだった。

一九三七年七月、稲が実る時だった。北大門を押し開けて東北抗日聯軍が村にやってきた。

まず病院を襲い、次に商店に入って地下足袋と木綿布をもち運び、そのまた次に暮らしぶりのよい家だけを選んでまわって奪った。衣服は、その時全部木綿布にするために、ぱっと裂いて綿《わた》と外布は捨てて木綿布だけ取った。

老人たちが荷物を背負ってあちこちの山に登り、翌日帰って来た。

母が抗日聯軍に塩をあげた話をしてくれた朴貞淑（パク・ジョンスク）。（2004.5.26）

秘密裏に抗日聯軍に塩をあげた母

朴貞淑《パクジョンスク》。女。一九二七年、朝鮮慶尚南道三泉郡三泉面で生まれた。一九三七年の春に延吉県太平溝村（現・延吉市の三道湾鎮）に集団移民として来た。

一九三八年の夏、朴貞淑の母がひとりで、東側の原始林で粟の草取りをしていたところだった。なぜかある男が森から出てきて、母に「明日、塩を持って来てほしい」と言って、すぐ消えたそうだ。

家に戻って来た母は父と話しあったあと、翌日小さな布切れの袋に塩を入れて畑に行った。昼頃その人がやってきて、塩をもらい感謝の言葉を言いながら、絶対に秘密を守ってほしいとお願いしたそうだ。

抗日聯軍が紅石砬子村を「襲撃」した話を聞かせてくれた鄭徳順（チャン・ドクスン）。（2003. 6. 18）

紅石砬子集団移民部落を「襲撃」した抗日聯軍は、村人を革命にさそった

鄭徳順《チョンドクスン》。女。一九三〇年四月一日、朝鮮忠清北道鎮川郡草坪面で生まれた。一九三八年に延吉県大馬鹿溝紅石砬子（現・紅石林作業所）へ集団移民として来た。

抗日聯軍は二度、村に入って来た。真夜中に抗日聯軍がやって来て家ごとに回りながら、自分たちは金日成《キムイルソン》が率いる抗日部隊だと言いながら、食糧の援助を求めた。その時、鄭徳順は怖くて布団から出られなかった。

その後、村の人びとを集めて抗日宣伝を行ない、日帝はまもなく滅びると語った後、集めた食糧と物品を村の人びとに背負ってもらい、大石の付近に行ったという。抗日聯軍が山の中のテントで金日成将軍の歌を歌いながらソ連舞踊を踊るのは、本当に凄かったそうだ。そんな時間も過ごしつつ、村の人びとに「家に帰りたければ帰っていいし、いっしょに革命をしたければ残ってよい」と言ったという。村の人々はみんな数日後に帰って来た。

村から抗日聯軍が撤収すると、日本軍と満洲国軍がやってきて農民たちをしいたげ、抗日聯軍を追撃して大砲と飛行機まで使って「討伐」を行った。こうして抗日聯軍は、ソ連領内に越境せざるを得なかった。

日本の軍人が釜の下に隠れた話をする
金永浩（キム・ヨンホ）。（2003.6.18）

上村集団移民部落を「襲撃」した抗日聯軍は、警察や日本の手先を処断した

金永浩《キムヨンホ》。男。一九三〇年一〇月一日、朝鮮慶尚南道密陽郡昌寧面で生まれた。一九三七年三月、五〇世帯と一緒に延吉県大馬鹿溝上村へ集団移民として来た。

一九三八年以後、抗日聯軍は一年に数回は村にやって来た。抗日聯軍が村にやって来ると、好奇心の強い金永浩や友だちはあとについて見物した。抗日聯軍が村の人々に食糧の援助を請うとしかたなく渡したが、渡すと少し返してくれたそうだ。

抗日聯軍は日本人の家々を探し出し、火を付けることもあった。警察分駐所は必ず燃やし、日帝の手先たちを処断することもあった。そして、村の人びとに、いっしょに荷物を背負って山の拠点へ行くことを頼んだ。抗日聯軍は、村人たちを酷使したりせず、すぐに帰宅させるために送ってくれたという。

不思議なことに、ノロジカが上村に入って来ると、必ず抗日聯軍が入って来たそうだ。日本人たちは抵抗するどころか、隠れる場所を探すばかりだった。一度は抗日聯軍が村にやって来ると、金氏の家に泊まっていた日本の軍人が釜の下に隠してくれと家主に頼んだこともあった。その時、上村には日本の軍人が数人ずつ駐屯し、ある時には五〇〜六〇人ずつ駐屯することもあった。抗日聯軍がソ連領内に越境した後にも、抗日聯軍の小部隊による活動は止まなかった。

抗日聯軍は、一日に一二ヵ所の集団部落を「襲撃」した

鄭昌燮《チョンチャンソブ》。男。一九三三年、延吉県鳳寧村福満屯で生まれ、今までここに暮らす。

一九三九年九月末、抗日聯軍が彼の住む福満屯を「襲撃」した。まず警察分駐所にやってきて武器と弾薬、品物と書類を取ってから、警察分駐所に石油をかけて火をつけた。次に、商店と診療所を襲って、食品、塩、福と布、日用品、薬などまるごと奪った。

抗日聯軍たちは、貧しい農民たちの家は襲わなかったという。そして、翌日までに一二ヵ所の集団部落を「襲撃」したそうだ。

抗日聯軍が一日で12カ所の集団部落を「襲撃」した話をしてくれた鄭昌燮（チョン・チャンソプ）と彼の妻。（2002.1.25）

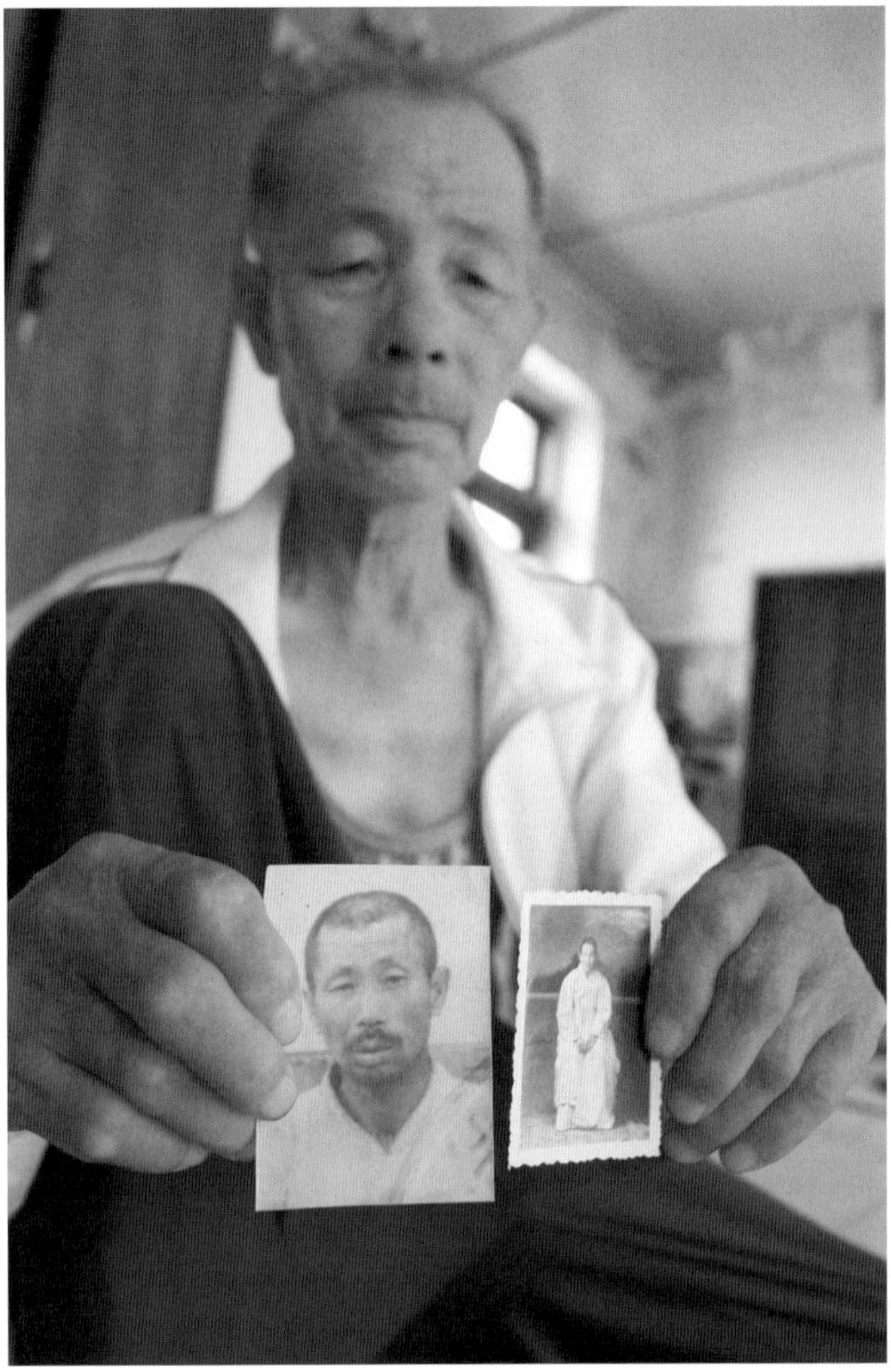

父と母の写真を見せながら、集団移民の話をする金相東（キム・サンドン）。（2007.7.26）

紅石集団移民部落にやってきた抗日聯軍の女性兵士は、村人に侵略の罪業を語った

金相東《キムサンドン》。男。一九三〇年一月十三日、朝鮮忠清北道丹陽郡大崗面龍夫院三里で生まれた。一九四三年三月七日、延吉県大馬鹿溝紅石屯へ集団移民として来た。

その年の七月のある日、抗日聯軍が村にやって来て、「あなたたちは思い通りに満拓会社のものを持ち出して食べて使いなさい。その借りは抗日聯軍が返してあげる」と宣伝した。

短髪で短いスカートをはいた抗日聯軍の女性兵士たちが、日本の侵略者たちの侵略の罪業と強制移住民の非人間的な生活について、とても生々しく語るのを聞きながら、ぼろぼろ涙が流れた。［抗日聯軍は］食糧や日用品を手にし、村の人々に荷を背負ってもらうのを頼んで、山に帰って行ったという。

ところが、抗日聯軍が村にやって来ると、必ずといっていいほど日本軍や満洲国軍が村にやって来て、苛立って物品を略奪し乱暴を働くので、それを村人はもっと怖がっていた。

抗日聯軍が大沙河を「襲撃」した話を聞かせてくれた
徐完錫（ソ・ワンソク）。（2002.4.5）

抗日聯軍は大沙河を「襲撃」したが、警察にやられた

徐完錫《ソワンソク》。男。一九二三年一一月四日、朝鮮江原道金化郡金城面で生まれた。一九三九年三月安図県大沙河太平屯に集団移民として来た。

一九三九年夏のある日の夜中、太平屯から約一〇里離れた大沙河の中心的な村で銃をパンパンと乱射する音がすると、警察署と商店などから火の手があがった。しばらく経つと、多くの人々がしきりに騒ぎながら撤収するのが見えた。

徐完錫は好奇心で、同年代の二人と一緒に、大沙河に見物しに行った。そのときは静かだったが、商店前から死人の首に綱がかけられて馬で引きずられて出ていくのを目撃した。

あとで知ったが、警察たちが抗日聯軍の死体を川辺に行く道端に投げ出したそうだ。もう一人の抗日聯軍は、死んだそうだ。そのとき、死人を見ると、怖くなって家に逃げた。

抗日聯軍は、集団移民部落を「襲撃」して、満拓会社が配った牛を殺して農民たちに食べさせようとしたのだそうだ。

抗日聯軍が砬子溝村を「襲撃」した話を聞かせてくれた李永遠（リ・ヨンウォン）と夫・丁謹燮（チョン・グンソプ）。（2002.5.28）

抗日聯軍は、砬子溝集団移民部落を「襲撃」して一週間も駐屯した

李永遠《リヨンウォン》。女。一九三二年一二月一二日、朝鮮忠清北道清州郡西州面鉢山里《パルサンリ》で生まれる。一九三七年安図県大沙河砬子溝に集団移民として来た。

一九四〇年の夏、柳樹屯集団部落を「襲撃」した抗日聯軍は、一週間も砬子溝集団移民部落に駐屯しながら、自分たちで大きな釜をかけて食べ物をつくって食べたそうだ。彼らは農民たちに、自分たちは日帝〔日本帝国主義〕を追い出すために山で持ちこたえているからと、米と塩を請うたそうだ。

抗日聯軍は、糧食と牛がなくなっても満拓会社からまた牛をもらえると言って、会社が配った牛を選んだ後、数頭の牛を撃ち殺してその肉を村の人々に分け与えた。しかし、移民たちが自ら買った牛を傷つけることはなかった。そして、一〇人を選んで荷物を運ぶことをお願いした。

李永遠の父も、糧食を背負って一〇日間行って来たそうだ。父は戻って来る時に針と糸、布切れも持って来たそうだ。

小さい商店を営んでいる李明仙（リ・ミョンソン）。（2002.1.27）

寒葱溝集団移民部落を「襲撃」した抗日聯軍は、天をつくように行進した

李明仙《リミョンソン》。女。一九三一年、朝鮮江原道金化郡通口面長安里で生まれ、一九三八年安図県十騎街寒葱溝に集団移民として来た。

その年の旧暦六、七月のある日、満拓会社は移住民たちに配るため、もちきび、アワ、ワカメ、塩、センギリ、醤油などを運んで部落の中心（広場）に集めておいて、特設部隊*の軍人約三〇名に守るよう指令した。

その日の夜一二時頃、豆がはじけるようにパンパンと銃声が鳴り、抗日聯軍百余名が部落に攻めよってきた。彼らは、抵抗する特設部隊の隊員から殺し、警察署長を処断した。夜中の四時頃になると、部落の男たちに食糧などを背負わせて部落を去った。

抗日聯軍が旗を掲げ、灯火を点し、ラッパを吹き、ケェンガリ（手持ち鐘）を鳴らしながら並んで行進する勢いは、天を突くほどだった。

夜明けになると、満軍［満洲国軍］たちの一群が部落にやってきて略奪をした。みんなが苦痛と絶望の日々をすごした。

約半月が経ってから、［抗日聯軍と一緒に］荷物を背負って行った戸主たちが、一人、二人と帰って来た。李明仙の父は、二六日ぶりに帰って来た。父が帰って来るや、すぐに家族全員で荷造りをして荷車に載せ真夜中に村を抜け出して、安図県大甸子金花屯集団移民部落の祖父の長兄の妻の家に逃げた。

*特設部隊とは、李光平によれば、日本人が砲手など銃が得意な朝鮮人をまとめた部隊を新設隊、または特設部隊と言ったという。なお、抗日独立部隊を「討伐」するため朝鮮人青年を徴募してつくられた「親日」武装部隊（幹部は日本人）として、満洲国軍に所属した「間島特設隊」の結成は、一九三八年九月である（本書の飯倉論考参照）。

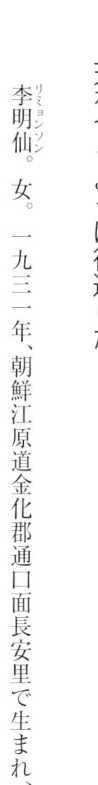

今も小さい背負子をよく使う朴龍求（パク・リョング）。（2004.10.5）

全北屯集団移民部落を「襲撃」した抗日聯軍は、牛肉を配った

朴龍求《パクリョング》。男。一九三〇年旧暦一月二六日、朝鮮全羅北道扶安郡白山面源泉里で生まれ、一九三八年旧暦二月安図県両江村全北屯へ集団移住して来た。

一九三八年、抗日聯軍が全北屯を「襲撃」、占領した。彼らは村の人々を集めて、「強制移住させられ苦労したでしょう」と言い、「日帝は必ず滅びて貧しい人びとが主人公となる世の中がやって来ます」と宣伝した。そして、満拓会社がくれた牛二頭を殺して牛肉をご馳走しようと配った。その翌日、日本の警察たちが村の人びとをしいたげた。その後、満拓会社はやむなく牛と食糧をまたくれた。

一九三九年、抗日聯軍が再び全北屯を「襲撃」した。抗日聯軍が部落の真ん中の十字路に重機関銃を組み立て打ちまくると、警察や自衛団員はみんな隠れた。ところが李《リ》炳久《ビョング》は自衛団室でぐずぐずしているうちに、銃で撃ち殺された。その後、抗日聯軍は部落の人びと三、四〇名に荷物を背負わせて山に戻った。翌朝、警察署の警長が部落に来て、自衛団長を呼んで立たせ、「お前たちは何をしていたのか？」と怒鳴りながら、軍刀のミネで自衛団団長の背中をめった打ちにすると、団長の背中の肉がビリビリ裂けた。

光復［日本敗戦］を迎えると、警長に被害を受けた群衆たちが、彼を処断しようと探した。彼が慌てて台所のかまどに隠れると、群衆たちが釜を持ち上げ手榴弾を投げ込んだため、警長は黄泉の国に逝ってしまった。

なごやかに晩年を過ごす沈英順（シン・ヨンスン／右側）と夫・崔興泰（チェ・フンテェ）。（2002．5.28）

高城屯集団移民部落を「襲撃」した抗日聯軍は、日本の守備隊に拷問・惨殺された

沈《シン》英順《ヨンスン》。女。一九三二年四月二二日、朝鮮江原道高城郡で生まれ、一九三八年安図県大沙河村高城屯集団移民部落に移住した。

一九三九年一〇月、抗日聯軍が高城屯を「襲撃」した。沈英順の父が部落長の家を案内するよう抗日聯軍に頼まれ訪ねると、部落長は逃げ出し居なかった。抗日聯軍は、満拓会社が配った牛数頭をつかまえてさばき、煮込んだりして、村の人々に分け与えようとした。

翌日、日本の守備隊が高城屯を包囲して、抗日聯軍を掃滅しようとした。激しい戦闘を経て、抗日聯軍は農民たちに交じって包囲を破って撤収した。騒がしかった銃声がやむと、沈英順は父のあとについて外に出た。守備隊が負傷した抗日聯軍の兵士一人を縛りつけ、抗日聯軍の他の兵士の死体二体をずるずる引きずって、中央の広場に行った。守備隊は村の人々を集めてその真ん中で、負傷した抗日聯軍兵士を拷問したが、その人は何も知らないと言うばかりだった。

その後、守備隊はその負傷した抗日聯軍兵士の鼻に鉄線を突き刺して通し、二体の死体と一緒に高城屯の入り口まで引きずって行った。奴らは掘っておいた一つの穴に、まず生きている負傷兵を放り込んでから上に二体の死体を投げ入れ、生き埋めにした。すると、不意に埋めたその穴の外に生存者のこぶしがにゅっと出た。奴らは、そのこぶしを踏みながら土を踏み固めて、生存者と死体を埋め続けた。その後も一人のこぶしがずっと埋められた穴の外に出ていた。それを見た村の人々は仰天して、付近の春陽、高登と大沙河に避難して、数日後にようやく帰ってきた。

光復〔日本敗戦〕後、村の人びとはこれらの抗日烈士たちの墓地を作り直し、記念碑を建てた。

高城屯の話を聞かせてくれる李元甲（リ・ウォンガプ）。珍しい丸太小屋のような様子の倉庫。（2002.5.19）

春陽屯移民部落を「襲撃」した抗日聯軍は、村人たちを傷つけなかった

李元甲《リウォンガプ》。男。一九二四年一二月四日、朝鮮江原道春川郡春川面で生まれ、一九三九年三月安図県大沙河村高城屯付近の春陽屯へ集団移民として来た。

一九三九年七月の真夜中、抗日聯軍の兵士二人が李元甲の家にやってきて、「怖がらないで」と言いながら、糧食を請うた。恐怖におびえた李元甲の母が、水甕に少し入れてあった粟《あわ》を全部注ぎ入れた。すると、女性兵士が空いた器をくれと言って一杯の米をすくって返してくれて、「あの子たちを飢えさせてはいけない」と言ったのだった。

抗日聯軍は、絶対に村の人びとを傷つけなかった。満拓会社が配った牛を七頭も殺して、その肉を食べろと言ったという。

抗日聯軍は、高城屯に三回入ってきたが、最初にやってきた時は損失があったが、あとの二回は一人も怪我人がでなかった。

話を聞かせてくれている卞潤洙（ビョン・ユンス）の目元に涙が浮かんだ。（2002.5.11）

砬子溝集団移民部落を「襲撃」した抗日聯軍は、警察に刺し殺された

卞潤洙《ビョンユンス》。男。一九三二年四月五日、朝鮮忠清北道清州郡南一面で生まれた。一九四〇年の春に安図県大沙河柳樹屯集団移民部落に移住したが、また安図県大沙河砬子溝集団移民部落に移って行った。

一九四〇年、警察たちが抗日聯軍の一人を捕まえて、卞潤洙の家の近くの電信柱に縛りつけ、二日もご飯を食べさせず、殴って拷問したそうだ。彼の母が真夜中に、こっそりご飯を汁に入れて食べさせてあげた。三日後、日本軍が部落の人々を共同の広場に集めて、その抗日聯軍を刀で突き刺して殺した。見るに堪えられない風景だった。

一九四一年七月、抗日聯軍が砬子溝部落にやって来て、村の人々を集めて演説した。演説では、故郷を離れてどれほど苦労なさったのかと気遣いつつ、「お母さん、お父さんたち、誰一人亡くならずに生き延びて、解放となったら一緒に故郷に帰りましょう！」と言って泣いたそうだ。話を聞きながら、村の老人たちも泣いたそうだ。

また、彼は「お母さん、お父さん、われわれが満拓会社のくれた牛を捕まえて、ここに置いておくから牛肉でもたっぷり召し上がって下さい！　牛がなくなれば、また会社がくれるでしょう」と言って、機関銃で牛数頭を殺して皆で分けることにした。

卞潤洙の家も、牛肉を持ち帰って煮込んで食べたり、甕に漬けたりして、二年間すこしずつ食べた。

抗日聯軍が部落を「襲撃」した話を聞かせてくれる朴洪来（パク・ホンレ）。(2003.7.12)

四道河子集団移民部落を「襲撃」して抗日聯軍は警察を捕まえた

朴洪来《パクホンレ》。男。一九二三年一月一九日、朝鮮慶尚北道星州郡草田面紫陽洞（内洞）で生まれ、一九三八年二月二日、汪清県羅子溝四道河子へ集団移民として来た。

一九三九年五月ある日の夕方、パンパンと銃声が聞こえると、洪来もコン棒を持って村の土塁に駆けつけた。何も考えず自衛団室に行くと、抗日聯軍の兵士でいっぱいになっていた。自衛団員二人が死んで横たわっており、分駐所の警察七名が捕まえられひざまずいていた。抗日聯軍が足で警察たちの背中を踏みながら「また［権力の］イヌのまねをするのか」と問い詰めた。驚いた洪来は、こっそりそこを抜け出して穴蔵に隠れた。しばらく経つと空が明るくなったが、抗日聯軍が自衛団室に火を付けたためだった。

ところが、洪来の母が息子に何か起こったのではないかと心配して大声で叫びながら走って来ると、洪来は穴蔵から出てきて母の手を取って家の中へ逃げ込んだ。

自衛団室にいた人びとは、大部分が抗日聯軍の荷物を背負って、山中の拠点へとついて行った。抗日聯軍は、江美峰という山に行ったところ、村の人びとに苦労して手伝ってもらったことに感謝をあらわし、どこどこに回れば近道があると村への帰り方を教えた。抗日聯軍から教わったとおりに行くと、半日もかからずに村に戻れた。夜明けになると、日本の守備隊の三〇〇名が江美峰側へ追撃したが、山の中には入れず、撤収したという。

洪来の家と一緒に移住して来た王陵《ワンルン》さんというハルモニがいた。そのハルモニが奥の山で小さな畑を耕していると、抗日聯軍の兵士が何度も現れ活動を宣伝した。それに感化されたハルモニは、こっそり村の情報と食糧、塩、針、糸などを提供した。抗日聯軍はハルモニの情報をもとに村を「襲撃」したという。一九五〇年代初めに、朝鮮族歴史研究員らが抗日闘争に関する遺跡を踏査する過程で、このハルモニは当時抗日聯軍を助けた話をしたのだった。

抗日聯軍の話をする趙元善（チョ・ウォンソン）。
（2003.6.18）

霍家営集団移民部落を「襲撃」した抗日聯軍は、娯楽を楽しんだ

趙元善《チョウォンソン》。男。一九三一年六月二五日、朝鮮忠清北道陰城郡蘇伊面忠道里一〇三九番地で生まれ、一九三八年旧暦二月、汪清県鶏冠郷霍家営に八〇余の世帯と一緒に集団移民として来た。

一九四〇年二月ある日の夕方七時頃、豆がはじけるような銃声が聞こえた。趙元善の長兄が歩哨の当番だったので、心配になった父が外に出てみたが、いつまでたっても音沙汰がなかった。

恐怖に怯えていると、銃を持った漢族の男がやって来て何かしゃべったが、こちらに応答がなかったので、米の器を探していたが見つからず、出て行った。しばらくすると、朝鮮人がやって来て食糧と塩、マッチの支援を求めた。母が勝手にしろと言うと、米の器が空いていたので、少量の塩とマッチを持って、出て行った。外が静かになった後に家から出てみると、抗日聯軍がとっくに村の人々に荷物を背負わせ撤収したところだった。父も荷物を背負って行った。村全体が悲しみにくれたそうだ。

その抗日聯軍は、荷物の運び人たちを連れて約一〇キロメートル行ったところで、休憩してご飯を炊いて食べようと言ったそうだ。ご飯が炊ける間、娯楽を楽しんだ。アコーディオンやギターを弾く人、ダンスを踊ったり、歌を歌う人など、本当に多才な人たちだった。ご飯を食べようとしたが、日本の守備隊と満洲国軍たちが追撃してきて、激しい戦闘となった。抗日聯軍は荷物の運んだ村人たちに、横道から家に帰りなさいと言った。

こうして荷物を運んだ人たちは、何日もかけてようやく村の家に帰って来た。抗日聯軍は、次に影壁村を「襲撃」したという。

ひまわりの畑に追肥をやる金玉培（キム・オクベ）。裏山に神仙が住んでいたという洞窟があるが、抗日聯軍がその洞窟で活動したという。(2003.6.15)

父を助けて抗日聯軍に食糧を持ち運んだ金玉培

金玉培《キムオクベ》。男。一九三〇年九月四日、朝鮮慶尚北道醴泉郡龍宮面邑部里で生まれ、一九三七年汪清県春和村神仙洞に集団移民として来た。

一九四三年夏、金玉培の父金億仁《キムオギン》が山で働いていた時、抗日聯軍の兵士一人が父に食糧を運んで来てほしいと頼んだ。そこで父はこっそり粟《あわ》一五キロを彼らのために運んで行った。

ところが、父が告発された。東新警察署の警察たちが父を村長の家に監禁して、革ベルトとコン棒でめった打ちにした。ちょうど通りかかった玉培が悲鳴を聞いて、中を見たら自分の父だった。泣きわめいてお願いしたが、警察たちは知らんふりをして、その日の夜中まで拷問を続けた。翌朝ようやく家に帰って来た父は、一〇日過ぎても床に臥せっていた。

その後、体調を回復した父は、また食糧を抗日聯軍のために運んだ。一度は父が玉培を連れて、粟を隠した堆肥の荷車を引いて、最初の谷を越えて、畑に行った。父は、畑に肥料を施してから玉培に空の荷車を引いて家に帰れと言ってから、米袋をしっかり担いで森の中に消えたそうだ。

父はその日遅くになって家に帰って来た。

警察に飛び込んで父を救った話をする
金永起（キム・ヨンギ）。（2006. 7.12）

警察に飛び込んで父を救った金永起

金永起《キムヨンギ》。男。一九二七年九月一二日、朝鮮慶尚北道醴泉郡龍宮面邑部里で生まれ、一九三七年二月汪清県春和村神仙洞へ集団移民として来た。金玉培《キムオクベ》の兄だ。

一九四四年夏、金永起の父と趙永洙《ジョヨンス》の父が山の中で薬草を採っていたところ、抗日聯軍が現れて、彼らに荷物を背負ってもらい一緒に行かせようとした。しかたなくついて行く途中、抗日聯軍はジャガ芋畑に入って芋を掘り、さらに芋の根株にお金を埋めた。そして、そのお金が畑の持ち主に渡るように、失くならないようにしてほしいと父たちに頼んだ。二人はこの抗日聯軍の兵士たちに同行して、春陽まで荷物を運んだ。

ところが、誰が密告したのか、警察分駐所の警長が金永起の父と趙永洙の父を派出所に監禁して拷問を加えた。不思議なことに、趙永洙の父のことはそれほど殴らなかった。父が拷問を受けていることを知った永起は、死にもの狂いで派出所に走った。父が朝から殴られて自分では立つこともできないことを見た永起は、飛び込んで行って警長をめった打ちにしながら、父を殺すなと荒れ狂った。すると警長が大きな手で永起の横っ面をひっぱたいたので、あやうく気絶するところだった。やがて警長は父を縛った縄を解くことを許し、次に「匪賊」のために働いたなら殺してやると脅迫した後、家に帰れと言ったのだった。その後、父の体調は悪化するばかりだった。光復になるや、永起は血の復讐をしてやると軍隊に入隊した。

一九四五年八月、日帝が負けて撤退する時、この村に停泊したという。その一団の中には、男の服装をした「奉仕隊」と呼ばれる朝鮮の女性たち十数名がいたそうだ。その日、年上の村の青年たちがその女性たちといっしょに過ごしたが、彼女たちの話から彼女たちが日本軍の性奴隷「慰安婦」のことだったという事情を知ったそうだ。

6　それぞれの家族と生活

「車内は満洲の広野へ移住していく移民群でいっぱいだった」。「駅で待っていた数百人の移民の群が、荷やフロシキを背負ったり抱えたり、怒涛のようにあとの車輛へ、悲鳴をあげながら押されて行く」「難民の群のように見える」〔金史良一九八四〕。植民地朝鮮と帝国日本とを横断した作家、金史良《キムサリャン》は一九四一年の小説『留置場で会った男』で朝鮮人移民のことをこう語っている。

「群」とは言うが、同じ朝鮮人の作家にはわかっていたはずだ、その人びとはそれぞれが家族だと。ゆえに「難民」に見えることがなおさら過酷な現実だと受け止めたはずだ。集団移民の人びとも、「満洲」なる植民地政治と現実の場において、生存が厳しく「難」しかった「民」だった。作家が見た「難民」たちは移住後も難民だった。

そのような生活は、一族の肖像写真と家財道具〔「荷やフロシキ」〕を背負った越境から始まった。家族とともに生き、家族を作り、次の世代を育てた。移民村で育った子どもは東北抗日聯軍を助けて食料を運んだ父の話を伝え、夫とともにマッコリを売った女性はひとり東北の野に立つ。病に倒れた男性は自分の霊に酒を、そしてどうか息子に自分の証言本を、と最期に話したという。体験のすべてが家族とともにあり、それらについての証言も本当は自分の家族とおそらく祖先とに向けてであったのだ。

いつもの家族との語らいはもちろん朝鮮語だった。証言にもある、朝鮮語を禁じ日本語を強いた植民地統治側の力とは、家族の繋がりをも揺るがすものだったと言えないか。移動し続けた詩人、尹東柱《ユンドンジュ》は故郷にいる弟や妹に言った、これから朝鮮語の刊行物がどんどん少なくなるから、楽譜でもなんでも保管しておくように、と。この言葉もやはり家族に向けたものだった。

〔橋本雄一〕

金 陽今

金陽今（キム・ヤングム）。家族とともに。彼女は自分で用意した清潔な麻服（死装束）に着替え、娘、婿、孫たちと記念写真を撮った。彼女の一日の生活の様子から、人間の生の欲求を改めて確認することができた。彼女は2003年9月に亡くなった。（2003.5.6）

安図県両江村全北屯集団移民、金陽今。1916年1月8日、朝鮮全羅北道任實郡江津面で生まれる。1945年春、両江村全北屯集団移民部落に夫とともに補充入植した。(2002. 5. 19)

朝食。金陽今はもとより食事を食卓に乗せない。彼女は安図県の通陽、松江を転々として、夫とともに興隆河でマッコリ商売をしたが儲けにならず、全北屯にまた戻ってきた。(2003.5.6)

犬と遊んでやる。のちに夫が亡くなったため、上の娘の家で(安図県永慶郷高城屯)で晩年を送っている。(2003. 5. 6)

鄭 海連

鄭海連（チョン･ヘリョン）。夫婦で教会に通う。1927年7月3日朝鮮全羅北道茂朱郡富南面長安里に生まれた彼は、1939年に99世帯とともに安図県松江村南道屯に集団移民として来る。
移民に来て二カ月もたたないうちに父親が崩れた土塁の下敷きになって死亡したため、幼い彼が家づくり、新田開拓などの労働すべてを担った。1939年に南道屯に来た時は99戸だったが、1940年には60戸まで減った。その年、小寒溝集団移民の40戸が引っ越してきた。1945年に光復になると、多くの家がいなくなり、47戸のみ残った。（2004.10.5）

鄭海連は、集団移民として来て苦労した話を歌にして歌った。
「一人なら一生よい場所を振り払って、振り払って、さびしい北満洲へ、私はここに来た、ここに来たよ。二人なら両足に豆ができるほど、包みを背負って、包みを背負って、よちよちと歩いてきたら南道屯だ、南道屯だよ……」(2004.10.4)

夫人の仕事を手伝う。抗日聯軍は、何度も部落を襲撃した。1941年夏に抗日聯軍が「満洲国」警察の董（トン）警備補を殺して抗日宣伝を行うと、民衆は感化されて泣いた。抗日聯軍は食料と生活用品を得て、満拓がくれた牛をひいて帰っていった。（2004.10.4）

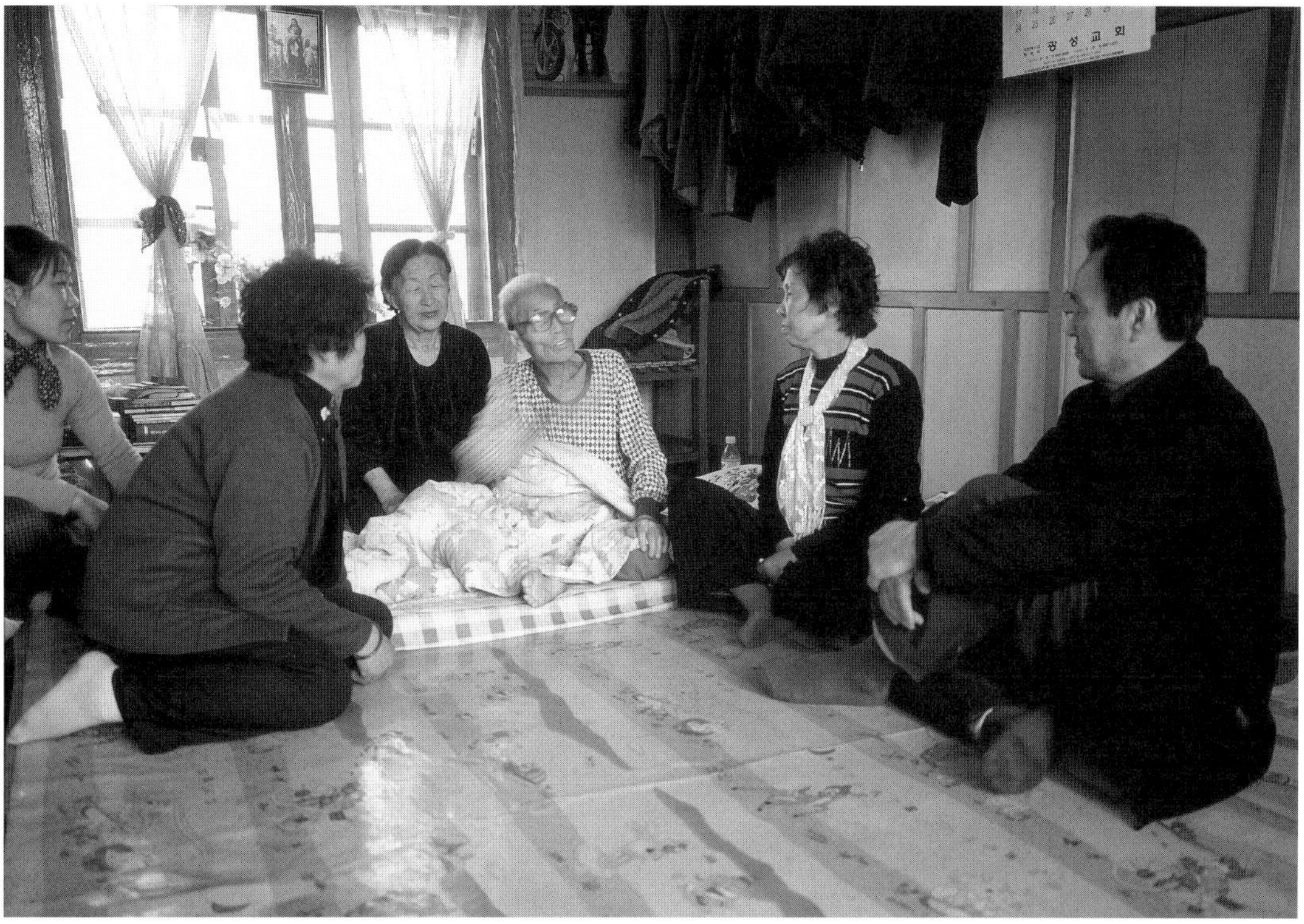

親戚に遺言する鄭海連。彼は、光復後に先んじて互助組を作り、安図県互助組長になり、32年間生産隊長職を務め、多くの貢献をした。1981年安図県で初めて農業生産責任制を実施した彼の経験が、全県に普及した。(2005.4.7)

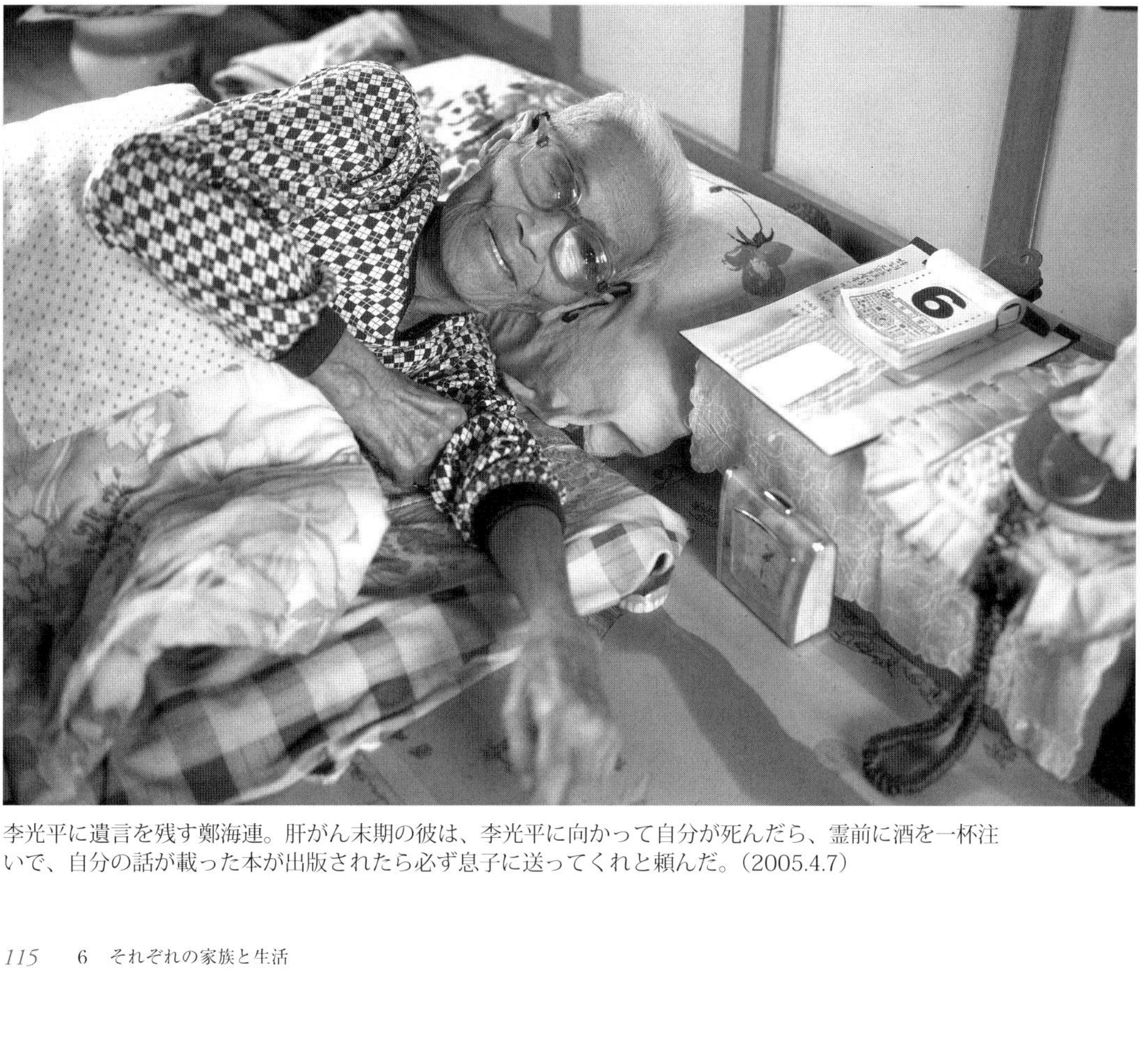

李光平に遺言を残す鄭海連。肝がん末期の彼は、李光平に向かって自分が死んだら、霊前に酒を一杯注いで、自分の話が載った本が出版されたら必ず息子に送ってくれと頼んだ。(2005.4.7)

梁在丁（ヤン・ジェチョン）。夫婦で台所の土間にいる。1934年9月1日、朝鮮全羅北道完州郡で生まれた梁在丁は、1938年安図県松江村北道屯に集団移民として来た。その移民地に来ると、ござむしろもなく横穴を掘って乾いた草を敷いて暮らしながら、家を建て畑をおこし、土塁を築いた。洞窟には蛇もよく出た。（2002.5.27）

梁在丁と朝鮮半島で生まれた村の人々。当時、日本の統治者たちは朝鮮人移住民たちに創氏改名をさせ、朝鮮の文字と言葉をつかえなくし、日本語と日本の文字を使うように強いた。誰かが朝鮮語を使うと、便所掃除をするか、罰金を払うなどの罰を受けた。(2004.5.9)

7　女性たち

朝鮮人女性たちは、植民地朝鮮で一九二〇年代後半から三〇年代初めに生まれ、年少時に家族とともに、「集団部落」の移民として、自由移民として、あるいは開拓民の名で、一九三七〜四〇年までの間に「満洲」に渡った。彼女たちは、朝鮮人の村落共同体の中で育ち、結婚して、家事育児を担いながら老いていったが、明らかに男性たちとは異なる経験をしてきた。

金順女《キムスンニョ》は、女の子であるという理由で、両親が名前をつけてくれず、「カメ」とよばれた。金玉子《キムオクチャ》は、母亡きあとに乳飲み子の妹をおぶったりして懸命に世話をしたが、妹は飢死した。その母が使っていた形見の鎌を、現在の金玉子がにぎる写真から、母と妹への想いが伝わってくる。同じように幼くして父を亡くした金良順《キムリャンスン》も、世話をした乳飲み子の弟を亡くしている。この金良順は結婚後に不妊だったために、妊娠を願って姓を変えることまでしたが、子を授からなかったという。

朝鮮の児童婚ともいうべき「ミンミョヌリ」として、九八ウォンと引き換えに婚家に送り込まれたのが、盧《ロ》蓮花《リョナ》だ。ミンミョヌリとは、将来の婚家に年少時から引き取られ、年頃になって息子と結婚するまで、婚家で子守りや家事などの働き手になるという婚姻形態のことだ。盧蓮花の姉もミンミョヌリに入ったという。この婚姻形態が、当時の朝鮮や「満洲」の朝鮮人の間でどこまで一般的だったのかはわからないが、貴重な証言である。

（金富子）

金 玉子

母親が使っていた鎌を握る金玉子（キム・オクチャ）。（2004.5.26）

死んだ妹をおんぶしていた

金玉子《キムオクチャ》。女。一九三二年、朝鮮京畿道楊平郡楊平邑の大きな村で生まれる。一九四〇年、延吉県明月溝二青背屯に開拓民として来る。

一九四五年初め、伝染病で苦しんでいた母親が乳飲み子の娘の今花《クムファ》を残して亡くなり、父親も病床についた。一二歳の金玉子は今花をおんぶして、もらい乳し、粥もつくって食べさせた。しかし、粥も米のとぎ汁も受け付けない今花はしだいに痩せていき、時に「オンマ《かあちゃん》、オンマ」とか細い声で呼んだという。

ある日、玉子が今花をおんぶして村に出ていくと、おばさんが玉子に早く家の父親のところに帰れと急かした。不吉な予感で家に駆け戻ると、父親が「アイゴー、今花が死んだんだな！」と言いながら涙にくれた。その時ようやく玉子と弟妹たちは今花を抱いて泣き叫んだという。

間もなく父親がぼろ布に今花を包み抱いて裏山の丘に向かっていくと、玉子と弟妹たちもついて行ったという。

妹が飢え死にした話を聞かせてくれる金玉子。
（2002.1.26）

金 順女

自分の名前さえなかった昔の話を聞かせてくれる金順女（キム・スンニョ）。(2002. 1. 24)

自分の名前さえなかった

金順女《キムスンニョ》。女。一九二一年、朝鮮慶尚南道咸陽郡馬川面で生まれる。一九三七年四月一日、延吉県鳳寧村福利屯（現・安図県明月鎮福利村）に集団移民として来る。

　彼女の両親は、彼女が女の子だからと名前も付けてくれず「カメ」とだけ呼んでいたが、二人とも早くに亡くなった。婚約することになると、彼女は自然と金順女と名前を書き、一九三六年に故郷で結婚した。

　義父母とともに福利屯に集団移民として来た彼女は、男性と同じ農作業をすべてこなしたほかに、家庭の暮らしを整え、子どもも産み育てながら、男性よりも数段の苦労があったという。

雪の降る寒い冬にも、地域の老人活動室に通う金順女。(2002.1.25)

金良順

子どもを授かるよう姓まで変えた金良順
(キム・リャンスン)。(2002. 5. 26)

子を授かるよう姓まで変えた

金良順《キムリャンスン》。女。一九二八年一一月一六日朝鮮全羅北道金堤郡竹山面で生まれる。安図県茂朱屯集団移民に来た親戚を探して、一九三九年安図県小沙河に自由移民として来る。

父親は移住して三カ月後に、畑で仕事中に亡くなった。翌年茂朱屯に引っ越した。金良順が乳飲み子の弟をおんぶして乳をやりながら畑に出たところ、夕立にありそのまま高熱を出した弟は二日後に死んだ。

金良順は、一六歳になる一九四三年に、茂朱屯で祝いの膳もなく他人の服を借りて結婚した。彼女は一九歳の時に妊娠したが、義弟が庭で銃を撃つ音に驚いて、そのまま流産し倒れてしまった。病院にも行けず、いろいろな民間療法を試したが、再び妊娠できなくなった。

夫の母がムーダン〔朝鮮土着文化でお告げをする〕を呼んで占いをしたところ、仏を祀って祈りをあげ、姓を変えれば子を授かるという占い師の言葉に、金良順は金の姓を呉の姓に変えた。しかし子どもは授からず、悲劇は続いた。

義父母と夫が亡くなった後の一九九四年、彼女は公安派出所を訪れ、合法的に本来の金の姓を取り戻した。

子どもたちを大変かわいがる金良順。
(2002. 5. 26)

茂朱屯の人びとと一緒に記念写真をとる金良順。
右側から３番目の白服。（2002.5.26）

ミンミョヌリとして嫁入りした昔の話を聞かせてくれた
盧蓮花（ロ・リョナ）。（2006.7.11）

盧蓮花は、冬にジャガイモの芽を掘っている。（2003.5.11）

九八ウォンのため「ミンミョヌリ」として入った

盧蓮花《ロリョナ》。女。一九二七年六月九日、朝鮮咸鏡南道北青郡星岱面生まれた。一九三五年三月、延吉県大馬鹿溝南蛤蟆塘（現・汪清県大興溝鎮新興村）に集団移住で来た。

移住した翌日、濃い桃色の上衣に黒いスカートをはいた娘が通り過ぎるや、故郷に残してきた「お姉さん？」と叫びながら走り寄った。ところが、姉さんではなかった。姉のことを思い出してしばらく大声で泣いた。

集団移住後、両親は息子の結婚資金を調達するため、宋《ソン》氏宅から九八ウォンを受け取って、盧蓮花を宋氏宅のミンミョヌリ［将来の婚家に幼少時から引き取られて働く嫁］として送り込んだ。そうして一九四二年に宋根虎《ソングノ》と結婚した。盧蓮花の二番目の姉も四〇ウォンと引き換えに、ミンミョヌリとして他家に入った。

8 日本軍「慰安婦」

「慰安婦」という名称が歴史にあらわれるのは、一九三二年だ。その前年九月の「満洲事変」をきっかけに関東軍は「満洲」を占領し、三二年三月に「満洲国」をつくった。ここから欧米諸国の目をそらすため上海事変が起こされたが、このときに上海に派遣された日本陸海軍が軍慰安所を設置したのだ。

一九三三年四月には「満洲」でも日本軍慰安所が設置されたことが、資料で確認できる（吉見一九九五）。一九三七年七月に日中全面戦争、一九四一年一二月にアジア太平洋戦争が始まると、軍慰安所が中国大陸やアジア太平洋各地の日本軍占領地につぎつぎに設置・拡大されていくが、軍慰安所の設置期間がもっとも長かったのは「満洲」だった。そのためだろう、被害が確認された朝鮮人女性のうち「慰安婦」にさせられた地域でももっとも多いのも「満洲」だった。二〇一六年当時までの証言（朝鮮民主主義人民共和国を含む）では、旧「満洲」での被害が三分の一を占めるという（朴貞愛二〇一六）。

日本敗戦＝植民地解放後も、故郷に帰れぬまま旧「満洲」にとどまった被害女性も多かった。釜山生まれの朴徐雲《パクソウン》も、そうした女性の一人だ。また金仁生《キムインセン》のように、「慰安婦」や慰安所の目撃者も少なくない。

李光平によれば、朴徐雲はだまされて中ソ国境の琿春県西土門子（現・春化鎮）にあった日本軍慰安所に行かされ、病気のため追い出されたという（一三四頁）。幾多の苦難の末に、継娘の家族とともに晩年を過ごしたのは幸いだった。慰安所の跡地に立った朴徐雲は、どんな思いだったのだろうか。

（金 富子）

◀疑惑と恐怖におびえる冷たいまなざし。

見知らぬ人への警戒。

西土門子（現・春化）にあった日本軍の軍営跡地。

日本軍「慰安婦」にされた

朴徐雲《パクソウン》。女。一九一五年一一月二三日生まれ。故郷は朝鮮慶尚南道釜山。彼女の父親は、末っ子の彼女がまたしても娘だからとさびしがって、朝鮮語でさびしいを意味する「ソウン」と名づけた。

一九歳で嫁いだが、夫の母の拘束に耐えられず家を出て、実家に戻った。しかし二一か二二歳の時に「満洲」へ行けば金が稼げるという人買いの口車に乗せられ、工場に行くのだろうと思ってついて行ったところ、結局一〇名あまりの若い娘たちとともに「満洲国」とソ連の国境の琿春県西土門子（現・春化鎮）村にある日本軍慰安所に来ることになった。

当時日本軍の兵営二つがここに駐屯していたが、朴徐雲は性奴隷として毎日彼らの相手をした。ところが朴徐雲は、ここで長患いをして一日に軍人一〜三名だけしか相手をできなかったため、［慰安所の］主人から虐待もされ、のちに追い出された。そして彼女は独りで乞食をしながら生きた。

光復［日本敗戦］になると、ほかの「慰安婦」たちは日本軍とともに退却する途中、ソ連軍の爆撃によって全員亡くなったという消息を聞いた。

その後、朴徐雲は何度か結婚し、後に韓相龍《ハンサンリョン》という人と約四〇年連れ添ったという。韓相龍の娘韓粉丹《ハンブンダン》は、継母を最期までよく世話をした。朴徐雲は、二〇一〇年に静かに亡くなった。

李光平は、車光範《チャグワンボム》とともに、二〇〇七年六月と七月に前後して四回訪問し、彼女の暮らしぶりを記録した。

最悪だった慰安所跡地での訴え。

「平安」の文字が刻まれた指輪をいつもはめて暮らしていた朴徐雲（パク・ソウン）は、2010年静かにあの世へと旅立った。

4世代がともに暮らす仲睦まじい家庭。(2007.7.1)

汪清県の八人溝の谷の中で日本軍部隊の「慰安婦」たちを目撃した
金仁生（キム・インセン）。（2003.6.3）

八人溝の谷の中で日本軍「慰安婦」を目撃した金仁生

金仁生《キムインセン》。男。一九二二年二月七日、朝鮮慶尚北道金泉郡甑山面で出まれた。一九三七年二月に汪清県春和村響水河子屯に一六〇世帯とともに、集団移民として来た。

金仁生は、八人溝の谷の中にある松根油の工場に行って、一カ月間勤労奉仕をしながら、その付近の日本軍部隊へ使いに行ったりもした。そのたびに彼は日本軍部隊のなかに慰安所があり、朝鮮人女性の「慰安婦」一〇名余りがいることを直接目撃した。軍は、日本軍人に一週間に一回、慰安所に通わせたそうだ。

光復［日本敗戦］後、一部の「慰安婦」たちは故郷に帰ることができず、東新、轉角楼や羅子溝に住んだりしたそうだ。その際、日本に帰れなかった日本人女性もいたそうだ。

また、現在の天橋嶺から四人班へ入って来る小塘山付近に、日本人開拓民部落もあったという。のちに日本政府が日本人をすべて帰国させたそうだ。

9 〝光復〟後の新しい生活

東北抗日聯軍の拠点に食糧を運ぶのを手伝った移民たちは、そこで闘う兵士を見ただけでなく、合間に音楽や踊りを楽しむ兵士たちも見た。中国全土や日本ではあまり知られていないが、抗日聯軍の人員には朝鮮人も多く、戦闘では多くのその人びとが犠牲になった。そもそも移民村にいっときの糧を頼った抗日聯軍兵士たちとの交流は、朝鮮語でなければできなかったであろうから、拠点で交流した兵士たちも、朝鮮人が多かっただろう。

自民族の音楽や舞踊は、移民たち自身も朝鮮から引き継いだ生活用具、衣装、楽器、同胞の野辺送りの儀式……に同じく、日常の作法であり色彩だった。それは植民地後にも家族や移民地コミュニティの中で引き継がれた。そのような場所で中華人民共和国成立後、村の新しきリーダーになった人も多い。植民地期の移民村で生まれた息子や娘の世代は、「満洲国」・日本敗戦・中国内戦・朝鮮戦争の時に成長し、反右派闘争という政治のさなかに結婚する。

しかし「日本敗戦後」とは、彼・彼女らにとって真の解放ではなかった。当然である。日本植民地の移民政策によって移り住んだ場所は「中国東北地方」へと政治が戻り、自分たちの居住地をめぐる不安はさらに果てがなく、朝鮮に戻った人たちの人口も多かった。そのまま残って中国共産党の軍隊に入り、国民党との内戦や朝鮮戦争に加わる朝鮮人もいた。ここに登場する朝鮮に生まれ一五歳で集団移住した男性は、国共内戦の遥か南、海南島解放の戦闘にまで従軍する。移民たちの移動は一九四五年八月以降も、一層広範な時間と地理を移動し続けたとも言える。「戦後」はなかった。

硬い真剣な表情と重い身体の輪郭とに、自分と家族が経てきた「その後」が見えてくる。　（橋本雄一）

安図県明月鎮新屯の朝鮮族の伝統文化。伝統的な棺輿で野辺送りをしている。[植民地時代の] 延吉県明月溝島安溝集団部落は、光復後に安図県明月鎮新屯に名を変えた。朝鮮人たちは、中国という地域の特性に合わせて、朝鮮族の伝統文化をよく守って発展させている。(2001. 7. 27)

家の軒先と中庭、畑などでくまなく足踏みをしつつ、地の神に挨拶をささげる。（2000. 2. 20）

家の中のあちこちで足踏みをして楽器を鳴らしつつ歌い踊りながら、地の神に挨拶をささげる。（2000. 2. 20）

李 載哲

牛を戻す李載哲（リ・チェチョル）。1937年４月３日、朝鮮京畿道安城郡に生まれた。1941年に両親について8世帯とともに延吉県鳳寧村発材屯の集団移民部落に開拓民としてきた。1942年に部落に伝染病が流行し、彼の母は幸い死亡しなかったものの、失明した。解放後、文化大革命の時に危険を顧みず、紅衛兵らが率いる群衆グループに襲撃と批判を受けた瀕死の老人３名も救い出し、また村に電気が来るよう苦労した。(2002.1.26)

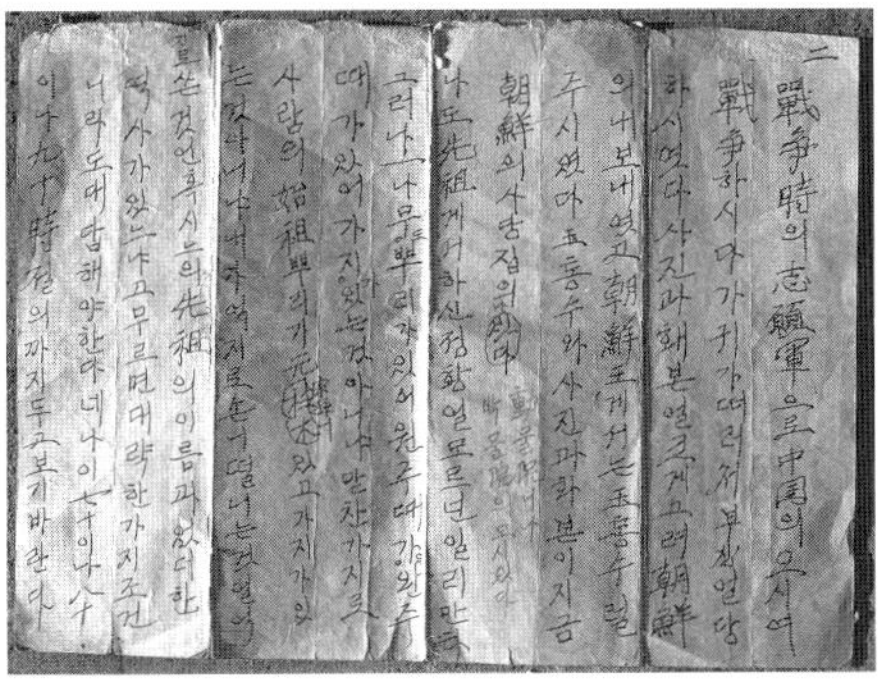

李載哲の父親が残した遺書。家族の始祖と系譜が記してあり、先祖たちの功績を忘れるなと書かれている。(2001.11.12 李載哲提供) ＊

劉永錫（リュ・ヨンソク）。1924年 4 月26日、朝鮮全羅北道益山郡五山面南田里生まれ。1939年春、100世帯とともに安図県両江村江南屯に集団移民として来る。ムシロ小屋に暮らしながら家を建て、土塁を積み、畑を開拓した。栄養失調で多くの老人と子どもが亡くなった。(2004. 6. 9 劉永錫提供）＊

1949年海南島で班長とともに（右側の人物。劉永錫提供）。彼は光復を迎えると、1945年に軍隊に入り、射撃が上手く競技で成績を挙げ、1947年に中国共産党に加入し、東北地方での国共内戦はもちろん、海南島解放戦闘にまで参加した。＊

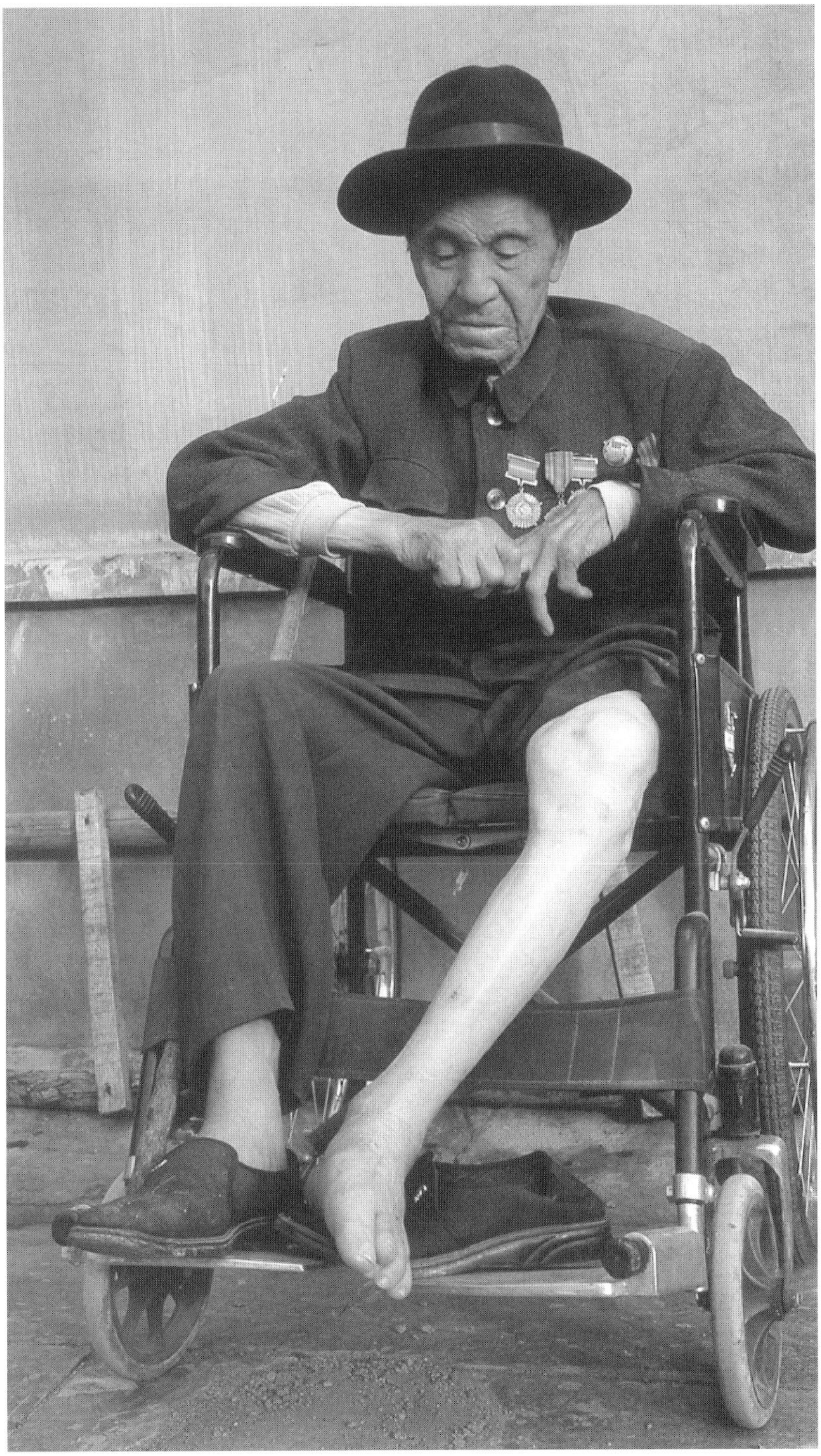

つらい心情。(2004.6.9)
彼は朝鮮戦争に参戦したが、統率者級の幹部ではなかったので、現在も幹部待遇を受けられないことで、心理的な苦痛が肉体的苦痛よりもつらいという。病魔に苦しんだ彼は、2005年の春に亡くなった。

1950年代初め、居民証にあった権有世（クォン・ユセ）の両親の写真。
両親が生涯で撮った写真はこれだけだという。（権有世提供）＊

1957年6月に撮った権有世と姜徳伊（カン・ドギ）
婚約写真。（権有世提供）＊

権有世・姜徳伊夫妻の家族写真。（2002.2.14）

二〇〇二年二月一四日に撮った権有世の家族写真

権有世は、一九三八年九月二四日延吉県明月溝二青背屯に生まれた。彼の両親は、一九三七年春に朝鮮慶尚南道居昌郡神院面から二青背屯に集団移民として来た。

妻の姜徳伊は、一九三九年延吉県明月溝島安溝で生まれる。姜徳伊の両親は、一九三八年旧暦三月に島安溝に集団移民として来た。権有世と姜徳伊は、一九五八年に結婚した。

夫婦の家族写真には、権有世の両親の写真（前頁上）と二人の婚約写真（前頁下）、そして彼の子ども、孫たちの出生「百日」記念写真などをまとめてきた。子孫たちと一緒に家族写真を撮った（上）が、一部の家族は外国にいて来れなかった。

1937年に集団移民として来た張岩伊（チャン・アミ）は光復後、ずっと延吉県鳳寧村福利屯と福興村で指導者として過ごしながら、村に多くの貢献をした。（2002.4.3）

1989年11月、張岩伊の提案で、延吉県鳳寧村福利屯集団移民の集まりをもった。52年前にはそれほど大きくなかった福利屯のノニレの下で、記念写真を撮った移民たち。（張岩伊提供）＊

第２部　背景を理解するために

「満洲国」期の朝鮮人移民と集団部落

孫《ソン》 春日《チュニル》

「満洲」［以下、満洲］における朝鮮人の集団部落の形成は、非常に長い歴史を持っており、おおむね二つに分類できる。一つは、「満洲事変」前に移住してきた朝鮮人住民たちによって、山や河に自然に形成された集団村である。これらは、だいたい明末清初の戦争捕虜、一九世紀後半の自然災害民、一九一〇年［韓国併合］後に没落した農民などの身分で満洲に連れて来られたり移民してきた朝鮮人であり、主に遼東や延辺一帯で集団居住地をつくりながら暮らしてきた。もう一つは、「満洲国」［以下、満洲国］時代に日本の拓務省、関東軍、そして朝鮮総督府によって建設された集団部落である。

後者の集団部落は、さらに次の二つに分類できる。一つ目は、一九三一年に「満洲事変」が勃発すると、その被害を受けた在満朝鮮人が満洲各地に避難しはじめたが、彼らを定着させるために朝鮮総督府が出資して、東満、南満、そして北満地域に建設した集団部落、あるいは安全農村である。集団部落とは主に東満地域、つまり間島地域に建設されたのに対して、安全農村は主に南満と北満地域に建設された。集団部落や安全農村は、もちろん地域によって名称が違うが、結局は両者とも集団部落のことだ。間島地域の集団部落は朝鮮総督府が東洋拓殖株式会社に依頼して建設したものだが、南満と北満地域の安全農村は朝鮮総督府が東亜勧業株式会社に依頼して建設したものだ。

もう一つは、一九三七年になって朝鮮人に対する集団移民や計画移民政策を推進することになり、新たに建設された集団部落である。これは、日本の拓務省、関東軍、朝鮮総督府が共同で投資し、朝鮮人集団移民を受け入れるための集団部落を建設したものだ。ただし、この時期に建設した集団の部落は、主に間島地域と北満一帯に分布している。

もちろん、その後の満洲における集団部落は、在満朝鮮人に限定されなかった。集団部落は当初、在満朝鮮人を相手に建設されたが、関東軍と満洲国はこれが「東北抗日聯軍」[*1]と「抗日民衆」との関係を遮断するのに非常に有効だと考えて普及することにした。そして関東軍と満洲国は、満洲地域でも抗日聯軍がひんぱんに出現する辺鄙な山奥や農村に多くの集団部落を建設し、いわゆる「帰屯併戸」[*2]、「匪民隔離」[*3]の名目で、ここに散在した抗日民衆を追い込むために、多くの中国人農民たちも在満朝鮮人と同様に集団部落で暮らさなければならなかった。

1 「満洲事変」勃発直後に建設された朝鮮人集団部落

「満洲事変」の前に、満洲にはすでに約百万人の朝鮮人が暮らしていた。これら朝鮮人の大部分は、生きる糧を求めて朝鮮半島を離れ、満洲地域で農業を営みながら暮らしてきた。しかし一九三一年に関東軍によって「満洲事変」が起こされ、在満朝鮮人は収穫を前にして大きな被害をこうむることになった。最前線で日本軍と戦って敗けた中国東北軍［中国東北を実効支配した張作霖・張学良政権の軍］の残兵たちは、朝鮮人の村に入り込んでその腹いせをし、地方の［中国人の］馬賊たちはこの機に乗じて在満朝鮮人を日本人の手先だと侮辱し強奪、放火、そして殺人までためらわなかった。

とりわけ南満地域では、さらに深刻な状況だった。そのため、多くの朝鮮人は秋［収穫］を目前にすべてを捨てて、相対的に治安がよい撫順、蓋原、鉄嶺、奉天、営口、遼原、吉林、長春などの都市に避難した。当時、朝鮮人避難民は奉天地域（現・瀋陽）にとくに多く集まったが、一日に数千人に達し、汽車で毎日何度も運んだほどだった。今日、瀋陽市に西塔朝鮮人集住区がつくられたのも、まさにこうした原因による。もちろん、少なくない在満朝鮮人たちは朝鮮に足を向けた。

「満洲事変」後、在満朝鮮人の置かれた状況について、当時の朝鮮国内の『朝鮮日報』や『東亜日報』などのメディアが大々的に報じたため、朝鮮社会では在満朝鮮人への同情が集まった。とくに朝鮮基督教総連合会を中心とした朝鮮国内の各階層・団体は在満朝鮮人を助けるための募金運動を開始して、さらに人を派遣して多くの救援物資を在満朝鮮人社会に直接渡した。

こうした状況の中、朝鮮総督府は圧力を受けずにはいられなかった。日本が朝鮮半島を強制的に占領［一九一〇年「韓国併合」のこと］したあと、民族矛盾が悪化して植民地統治が動揺する中で、在満朝鮮人の問題をまったく無視・放置するならば、状況はさらに悪化し不利にならざるをえなかったのだ。つまり、朝鮮総督府は、在満朝鮮人の生活安定のために、特段の措置を取らなければならなくなった。その対策として制定されたのが、在満朝鮮人の集団部落と安全農村政策だった。ただし朝鮮総督府はこの機会を利用して、朝鮮国内の尖鋭的な民族矛盾と抵抗を緩和するため、朝鮮人満洲移民政策も同時に推進しようとした。

しかし、朝鮮総督府の朝鮮人満洲移民計画は、関東軍から頑強に反対された。満洲を占領したばかりの関東軍にも、それなりの懸念があったからだ。万が一、被害を受けた在満朝鮮人の問題が確実に処理・解決されないまま、新たに朝鮮人移民政策を推進すれば、誕生したばかりの満洲国だけでなく、社会全体の治安にも大きな影響をもたらしうると判断したからだ。そうでなくとも、「満洲事変」以後に朝鮮人たちで構成された中国共産党傘下の各地域の抗日武装部隊は、中国人で構成された義勇軍、救国軍と合作したことにより、反満抗日運動を起こしていたし、それはしだいに広がる趨勢にあった。飢餓と絶望の中で流浪する在満朝鮮人が、ぞくぞくと中国共産党の傘下の抗日武装部隊に加入・吸収される可能性が十分にあったのだ。

このように、朝鮮総督府と関東軍では朝鮮人移民政策に対する見解と立場がそれぞれ違っていたが、両者とも朝鮮と満洲に対する植民地統治を強化しようとする目的では同じだったので、結局のちに妥協した。つまり、第一に、朝鮮総督府が投資して間島地域に集団部落、南満と北満地域に安全農村を建設して、満洲の各地域で流浪する在満朝鮮人を収容して定着させること。第二に、現在の条件下で朝鮮移民に対して自由

【図１】汪清県牡丹川の集団部落の建設中の全景〔朝鮮総督府1940〕

〔移民〕政策を取り、朝鮮総督府や関東軍はこれらを特別に管理しない。第三に、一九三六年になって満洲社会が安定した時に再び朝鮮移民政策を推進するということだ。

朝鮮総督府は、関東軍とのこうした合意のもと、一九三三年から一九三五年まで三回にわたって間島地域に集団部落をつくり、南満と北満には五つの安全農村を建設した。間島地域に建設された集団部落は、朝鮮総督府が投資して東洋拓殖株式会社が責任をもち、間島総領事と朝鮮人民会[*4]の協力によって、次の三段階に分けて建設された。

第一段階の建設は、一九三三年四月に始まって同年九月に終わったが、まず北蛤蟆塘、太陽村、仲坪、春興村、細鱗河、長仁江、土山子、青山里、駱駝河子、塔子溝など一〇カ所に建設された。この集団部落は、一般的に農耕地の中心部に建設され、土、石または木で、長さや幅が約一〇〇メートルに達する土塁を築き、その中に一〇〇戸になる家を建て、人々を住まわせるものだ。第二段階の建設は一九三四年春に始まり、その年に完成したが、金佛寺、明月溝、島木溝、石門溝、臥龍湖、龍興洞、牛心山、小百草溝、牡丹川、五站、転閣楼、石頭河子、太平溝、泰雪山など十四カ所に新しく建設した【図1参照】。第三段階の集団部落の建設は、一九三五年三月から始まった。しかし、このときは新たに集団部落を建設するよりは、第一、二段階に建設された集団部落に空いている家が多いことから、朝鮮人避難民を受け入れることを目的とした。こうして朝鮮総督府が間島地域に建設した朝鮮人集団部落は、満洲国が建設した集団部落と合わせると、合計八〇余カ所にもなる。

ほぼ同じ時期に、南満と北満には鉄嶺、河東、営口、綏化、三源浦の計五つの安全農村が建設されたが、これは主に東亜勧業株式会社〔満鉄の子会社〕の責任で建設した。安全農村は、間島地域に建設された集団部落とは名称や地域も違うが、結局は被害を被った朝鮮人の集団居住地であるため、やはり集団部落と大差はなかった。

一九三六年になると、朝鮮総督府と関東軍は、予想どおり満洲地域の社会秩序がある程度安定していると判断した。関東軍は、一九三二年三月から一九三五年末にかけて、間島地域に三回にわたって軍事討伐を強行した。その結果、この地域で活動していた東北人民革命軍第二軍は、やむなく南満地域に移転し、東満抗日根拠地はほとんどすべて破壊され消えた。とくに「満洲事変」によって各地に流出した在満朝鮮人も、集団部落や安全農村に定着した。さらに一九三二年から一九三六まで五回にわたって推進された日本人満洲試験移民も、もちろん中国人の抵抗があったが、ほとんど成功した。

こうした判断のもとで、日本は一九三七年から日本人満洲移民《二十カ年百万戸送出計画》[*5]と朝鮮人移住民「新規入植」政策を推進したのだ。

2　日中全面戦争勃発前後の朝鮮人集団部落

一九三七年七月七日、日中全面戦争がはじまった。この戦争は事実上、「満洲事変」の延長線にあり、日本が中国全土を征服しようとする大陸政策の構成部分だった。そして、日本は満洲国を建国した後に、つまり満洲を日中戦争の前線基地にして対中国侵略戦争の準備に拍車をかけた。一九三七年から始まった日本人満洲移民《二十カ年百万戸送出計画》も事実上、その侵略の一環だったのだ。

日本人の満洲への《二十カ年百万戸送出計画》は、一九三七年から本格的な推進がはじまった。その過程は、前期と後期の二段階に分けられる。つまり前期は一九三七年から一九三九年まで、後期が一九四〇年から一九四二年までだ。後期は事実上、実行計画を修正した時期だった。日本人《二十カ年百万戸送出計画》は、一九三七年から二〇年間、百万戸［一戸当たり五人として約五百万人と計算］の日本人を満洲に入植させるのが骨子だった。これは、当時の日本の約五六〇万戸の農家戸数の中で、五反以下の小さな土地を所有する貧農の占める比率が約三五%、つまり二百万戸となるよう酌量して作成した案である。この計画によって二〇年間、日本国内から約百万戸を満洲に移住させたとすれば、二〇年後に満洲の人口が五千万人に達しても、その中で日本人の占める比例が一〇%になる計算だ。これは、将来の満洲国において日本人を「核」として「日本的秩序」を確立する上で、基本的な数値だと考えたのである。

日本開拓民が入植した地域は、ほとんど北満地域だった。その主な理由は、北満は満洲のなかで日本人が入植できる未開墾地がもっとも多く、中国人農民と対立・衝突する可能性を最小限に抑えることができたからだ。それだけでなく、この地域は中国共産党傘下の東北抗日聯軍第三路軍が活動する地域であり、今後、対ソ連戦でも軍事的要地として利用できるという戦略的な考慮ももちろんあった。

このように日本人《二十カ年百万戸送出計画》を本格的に推進するや、在満朝鮮人政策も調節された。言い換えれば、過去の在満朝鮮人に対する「統制」と「安全」から、「統制」と「撫育」に転換して、新たな集団移民政策を推進したのだ。関東軍は、日本人《二十カ年百万戸送出計画》を進める上で、満洲ですでに百万人を超えており、また絶え間なく渡満する在満朝鮮人が居つけば、邪魔者になりえると判断した。朝鮮人は、日本人と同じように稲作をするだけでなく、すでに満洲でたくさんの水田を占めており、将来的に日本農民の競争相手になるのは明らかなためだ。そのため、日本人の百万戸移住計画の邪魔にならずに順調に推進するためには、まず朝鮮人の満洲移住を適切に統制・調節する必要があったのだ。こうして制定されたのが、まさに朝鮮移住民に対する「新規入植」政策なのである。

一九三六年五月十一日、関東軍は、新京（現長春）で「第二回移民会議」を開催した。この会議で、日本人の試験移民時期の経験と教訓を土台に「日本人満洲移民計画」を協議したが、いっしょに朝鮮人移民計画も討議された。まさにここで、朝鮮人移住者を適切に調節して、朝鮮人移住者を専門的に管掌する移民機関を設置することを決定した。具体的には、朝鮮国内［京城］に「鮮満拓殖株式会社」という機関を設置し、その姉妹会社として満洲［新京］に「満鮮拓植株式会社」を設置することにした。

その後、朝鮮人移民に関する新規入植政策が次々に発表された。中でももっとも代表的な政策は、一九三六年に発表された「在満朝鮮人指導要綱」、一九三八年の「鮮農《ママ》取扱要綱」、そして一九三九年に発表された「満洲開拓政策基本要綱」だ。その主な内容を総合的にみると、第一に、満鮮拓植株式会社が責任をもって朝鮮人集団移民政策を推進し、朝鮮人移住民たちの土地取得も満鮮拓植株式会社が責任をもつ。第二に、朝鮮人集団移民の入植地は原則的に集団部落でなければならず、「自作農創定」を目的にすること。第三に、朝鮮人集団移民は将来一五年間、毎年一万戸に統制して、また日満両政府とその他の関係機関の移住証明書がない入満はこれを禁止する。第四に、新規入植によって今後、満洲に入植する朝鮮移住民を「集団、集合、分散」などに分類する。第五に、一九三九年から朝鮮人集団移民を「朝鮮開拓民」と改称する、などだ。

このように朝鮮人集団移民の新規入植政策が推進され、満洲で朝鮮人を収容する新しい集団部落が再び建設されはじめたが、初期にはとくに間島地方に集中した。つまり、一九三七年春、間島地方の安図、汪清、延吉の三県に初めて朝鮮人集団移民が移住してきた。この三つの県が朝鮮人集団部落建設地域に選定された主な理由は、なによりも同地域が中国共産党傘下の抗日武装部隊の活動がもっとも活発だったためだ。とくに安図県は、長白山脈に位置しているため、主に朝鮮人で構成された東北人民革命軍第二軍がもっとも多く活動する地域でもあった。一九三四年末から一九三六年二月まで東北人民革命軍第二軍は安図県に位置した車廠子、奶頭山などに移転して新しい抗日根拠地を開拓しながら、屈することなく抗日武装闘争を繰り広げていた。のちに関東軍が大々的な軍事討伐を強行すると、第二軍はやむをえず安図県を離れ南満に移転したが、その影響力は依然としてそのまま残っていた。こうした背景の中で関東軍は、安図県をはじめ間島地域で抗日運動が発展するのを抑制するために、集団部落の建設が必要だったのだ【図1参照】。

間島地域での朝鮮人集団移民の移住と集団部落の建設過程をみると、鮮満拓殖株式会社と満鮮拓植株式会社がすべての責任をもって進められた。まず朝鮮国内での集団移民の募集と送出過程は、鮮満拓殖株式会社の責任で進めた。しかし、豆満江《トゥマンガン》を渡って満洲の地に入ってから入植地までの輸送は、満鮮拓植株式会社が責任をもった。もちろん満鮮拓植株式会社は、この過程で親日団体である朝鮮人民会をおおいに利用した。

もう少し具体的にみよう。朝鮮集団移民が満洲に入植する時期は、ほとんど一九三七年三月中旬から四月中旬まで約一カ月程度だった。これは、入植すると同時に農作業ができるため、もっとも経済的だからだ。安図県に入植した朝鮮人集団移民をみると、まず彼らは鮮満拓殖株式会社の組織のもとで、朝鮮各地から汽車に乗って出発したあと、豆満江を渡って中国境内の図們駅に到着する。ここで満鮮拓植株式会社が引継ぎを行なったあと、再び汽車に乗って明月溝駅に向かう。明月溝駅に着いた人は、満洲国の拓政司、間島省公署、満鮮拓植株式会社の関係者から出迎えられ、朝鮮人民会会員たちの案内で、すでに準備された宿所に移動して休息をとりながら、入植の準備をする。とくにこのとき、満鮮拓植株式会社は各移民団長たちを呼んで集合させた後、開拓地に入植するのに必要な知識と事項について教える。そして防寒具を購入して朝鮮移民たちに配給するが、人によっては配給せず、主に高齢者や子どもたちにだけに配給した。

このように開拓地の入植準備を急いで完成したあと、目的地に向かって出発するが、運送道具の準備は整っておらず、高齢者と子どもたちだけを小さな荷車に座らせ、一三歳以上の移民はみな徒歩で出発したということだ。このとき、明月溝の日本憲兵隊の憲兵、領事館警察署の巡査、満洲国系の巡査の若干名と満鮮拓植株式会社で雇った人夫が、朝鮮移民の護衛を担当する。

明月溝から入植地までの移動は、困難をきわめた。安図県はそもそも白頭山《ペクトゥサン》の山域に位置していて、五月になっても山に氷や雪がそのまま残るほどの寒冷地だ。そのため三月は言うまでもなかった。白頭山の奥地に移動する朝鮮移住民は、骨身を凍らせるような厳しい寒さと雪風を冒して、山を越え、川を渡って、目的地に向かわなければならなかった。とりわけ朝鮮人開拓者の中に年老いて病弱者が少なくないので、彼らは困難と苦痛に耐えきれず、途中で倒れると死んでいく状況がたびたび発生した。はなはだしくは、道中で出産した妊婦もいた。

【図2】集団部落民の臨時家屋〔朝鮮総督府1940〕

さらに困難だったのは、入植地に着いたときに集団部落の家々が提供されなかったことだ。その苦痛は、言葉では言い表せないほどだった。いわば入植地はすべて荒れ地だったし、移民たちを入れる家屋は完成していなかったため、仮小屋や他の集落にしばらく居住するか、あるいは野原での野宿をよぎなくされた。仮小屋といっても、長さ四〇メートルから五〇メートル、幅五メートル程度の臨時でつくった草屋だが、その内部にはオンドルもなく、床は氷のようだった。すると、まず防寒のため、鉄板で作った暖炉を四戸ずつに一つずつ配った。これで白頭山の三月の寒さを防ぐのはとうてい無理であり、多くの移住民は寒さに耐えなければならなかった。さらに、おおぜいの人々が集まって生活しなければならないため衛生状態もひどく、開拓民たちから病人が続々と現れた。とりわけ疫痢にかかった人たちは、ほとんど死んでいった。

それだけではない。安図県に入植した朝鮮人の集団部落は、いずれも反満抗日部隊が活動する地域に建設されたので、つねに恐怖に震えていた。たとえば、安図県大沙河は呉義誠が指揮する反満抗日部隊、安図県の全地域は崔賢部隊がひんぱんに出没するところだった。もちろん抗日遊撃隊の襲撃を防止するために、集団部落に自衛団を編成して、日満警察隊、治安隊、さらに騎兵まで駐留させた。戦闘が頻繁に起こるので、朝鮮人移民たちは夜もおちおち眠れなかった。

とにかく、こうした過程を通じて、間島地方に建設された朝鮮人集団部落は一九三七年から始まり、一九三九年にのべ七一個に達し、五一七八戸、二万六九五六人に達した。そしてその分布地域を見れば、安図県の陽草溝、東南岔、高等廠、大沙河、柳樹河子、北柳樹河子、大沙河溝子、西南岔、北大甸子、南大甸子、万宝河子、大甸子、青溝子などの地、汪清県四人班地域の南城子溝、神仙洞、太陽屯、響水河子、大荒溝、花家営、鶏冠砬子、柳樹河子、転閣楼などであり、延吉県の田営、張芝営、福利村、福満村、高姓村、里清倍、東溝、上村などの地に朝鮮人集団部落が建設された。現在は行政地域が多く変更されたので、延吉県の多くの集団部落は安図県に属している。

一九三八年からは朝鮮人開拓民が間島と東辺道地域だけでなく、北満地域への入植を許可されたことで、一九三九年から北満にも多くの朝鮮人集団村が生まれはじめた。その地域を見れば、だいたい樺甸、懐徳、磐石、穆棱、寧安、濱江、延寿、泰賚、盤山、龍鎮、嫩江などの地に分布している。

一九四五年の光復［日本敗戦＝植民地解放］後、約百万人の在満朝鮮人が朝鮮半島に戻っていったが、その多くが満洲に移民したばかりの朝鮮人開拓者たちだった。ただし、かなりの集団部落は現在もそのまま残っていたり、その痕跡があったりして、歴史の生きた証拠になっている。

以上をまとめると、満洲国時代に建設された朝鮮人集団部落は、いくつかの特徴がある。

第一に、満洲で建設された朝鮮人集団部落は、次の二つの類型にわけられる。一つは「満洲事変」直後に建設された集団部落であり、「満洲事変」の被害をうけた在満朝鮮人を定着させる目的で建設された。もう一つは日中全面戦争前後に建設された集団部落であり、新規入植によって集団移民する朝鮮人を定着させるための集団部落だ。

第二に、地域と時期によって、集団部落を建設・経営する会社が異なったことだ。「満洲事変」直後に東満で建設された集団部落は、朝鮮総督府が投資して東洋拓殖株式会社が建設・経営し、南満と北満に建設された集団部落、すなわち安全農村は朝鮮総督府が投資して東亜勧業株式会社が建設・経営した。そして日中戦争前後に建設された集団部落は、朝鮮総督府、拓務省、関東軍が投資して推進したが、満鮮拓植株式会社の責任で建設・経営した。

第三に、朝鮮人集団部落は、中国共産党傘下の東北抗日聯軍が活動する地域に多く建設された。これは、「満洲事変」直後や日中全面戦争前後に建設された集団部落の位置を見ればわかる【図1参照】。

第四に、集団部落内で生活する在満朝鮮人たちは、多くの統制を受けた。さらに警察が常時駐屯しており、内部でも自衛団がつくられ、相互に監視し合い、集団部落への出入りも自由にできなかったのである。

（翻訳：金 富子）

＊本稿の日本語訳にあたって、［ ］は訳者による補足を示している。また訳注以外は原注である。

1 ［訳注］一九三三年に中国共産党が組織した中国人・朝鮮人主体の東北人民革命軍に基づき、一九三六年に改編された抗日パルチザン組織のこと。本書の飯倉論考参照。

2 関東軍と「満洲国」が、東北抗日聯軍の活動を困難にするため、彼らが活動する農村や辺鄙な地域に散在した中国人を強制的に集めて集団部落をつくり、本来住んでいたところを無人地域にしたこと。

3 当時の関東軍と「満洲国」は、東北抗日聯軍を「共産匪」と呼び、集団部落の建設に対して「共産匪」と抗日民衆の連携を隔離または遮断するため「匪民隔離」だと称した。

4 ［訳注］民族主義団体に対抗して、日本領事館によって設立された朝鮮人の対日協力・行政補助組織のこと。

5 ［訳注］一九三六年二月の「二・二六事件」以後に成立した広田弘毅内閣は、同年八月に同計画を国策として閣議決定し、翌三七年から実施した。その後、満蒙開拓青少年義勇軍も送出された。これらの満洲に送出された日本人農業移民数は二七万人とされる。

【参考文献】

孫春日『「満洲国」時期朝鮮人開拓民研究』延辺大学出版社、二〇〇三年。

植民地帝国日本と朝鮮人の移動

金《キム》富子《プジャ》

この写真集が映し出すのは、二〇世紀前半に植民地朝鮮から「満洲」（以下、満洲）に移住した朝鮮人の二一世紀におよぶ記憶と痕跡である。もちろん植民地期の朝鮮人の移動現象は、満洲に限らない。日本による朝鮮植民地支配（一九一〇～四五年）により本格化し、「満洲事変」（三一年）、日中全面戦争（三七年）、アジア太平洋戦争（四一年）の勃発によって、まず満洲、ロシア沿海州へ、次に日本、中国大陸、台湾、樺太へ、さらに東南アジア、南洋諸島など日本軍の支配・占領する地域へと大きく広がった（ハワイや北米などへの移民もいた）。とりわけ日中戦争後の移動には、行政的な強制力が加わった。

朝鮮人は農民、労働者、商人やそれらの家族、娼妓や「慰安婦」、軍人・軍属などさまざまな形で移動した。その規模は、一九四三年段階で朝鮮人五、六人のうち朝鮮外移民が一人を占めるほどだ【図1】。いっけん自発的な移動に見えた場合でも、日本の植民地支配がなければこれだけ大量で広範囲な移動はありえなかった。

本稿では、最大の移動先だった満洲と日本を中心に、これらの現象をコリアン・ディアスポラ（Korean diaspora）として読み解いてみたい。

1 「植民地ディアスポラ」のはじまり
〜「韓国併合」から一九二〇年代

あらためてディアスポラとは何か。そもそも「迫害を受けて世界に四散したユダヤ教徒／ユダヤ人を意味」したが、「今日では難民や避難民に代表される、政治的・経済的理由によって移住を強いられた集団一般」をさし、「ある集団性の破損によってしか定義できない集団的経験を生きる主体」（李二〇一一）のことだ。ディアスポラ概念はユダヤ人から他の民族に拡大されてきたが、朝鮮人の場合は「コリアン・ディアスポラ」と呼ばれる。ここには二〇世紀朝鮮半島の歴史、大きく分けて前半は植民地支配、後半は民族分断に起因する「集団性の破損」によって、朝鮮半島の外部に「移住を強いられた」「集団的経験」が刻まれている。言い換えれば、二〇世紀前半は「植民地ディアスポラ」、後半は「分断ディアスポラ」と言えよう。もちろん後者の起源も、前者にある。

とりわけ「植民地ディアスポラ」とは、二〇世紀前半の植民地帝国日本によって、その支配下の朝鮮人を対象に集中的に引き起こされた歴史的現象だった。植民地期に朝鮮人は日本国籍を強いられたが、日本人・台湾人と違って国籍離脱ができなかったので、「日本国籍」保有者としての移動だった。といっても朝鮮人は、日本人と対等の権利（教育、参政権など）もなく、一方的に支配される民族にすぎなかった。したがって朝鮮人の朝鮮外移動は、日本人以上に帝国日本の国策（植民地政策）に左右された。

もう少し詳しく「植民地ディアスポラ」の歴史をたどろう。近代の朝鮮人の朝鮮外移住は、一九世紀後半からの満洲、ロシア沿海州への移動によって始まる。「民族詩人」尹東柱《ユンドンジュ》の曾祖父が、朝鮮北部（咸鏡北道）から間島（豆満江北側の土地。のちの朝鮮人集住地帯）に家族と農業移民したのもこの頃（一八八六年）だ〔宋友恵二〇〇九〕。しかし図1が示すように、本格化な移動は「韓国併合」からだ。最大の行き先は、帝国日本の支配が相対的に及ばず、朝鮮と国境を接する間島など満洲だった。すでに間島は、抗日独立闘争の根拠地になっていた。

日露戦争（一九〇四・〇五年）後、日本の植民地化が強要される中、朝鮮内では抗日運動が行なわれた。一九〇七年（高宗皇帝退位、韓国軍解散）から一二年前後まで、各地で立ち上がった朝鮮人民衆の義兵（武装ゲリラ）たちの抗日闘争は全面的な独立戦争といえる規模だった。日本軍・憲兵等と戦闘した義兵数は約一四万人、その犠牲者数は少なくとも約二万人におよんだ〔愼蒼宇二〇〇八〕。

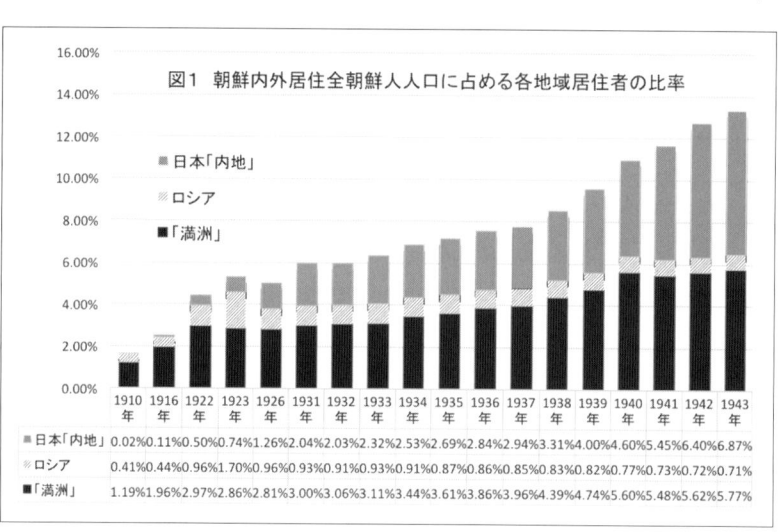

しかし日本軍の武力によって一九一〇年代半ばまでに朝鮮北部国境地帯での義兵闘争が鎮圧され、闘いの舞台は間島に移った。一九年に三・一独立運動が朝鮮全土で起こると、間島の龍井でも三月一三日に行なわれた。朝鮮内でこれが鎮圧されるや、抗日武装闘争が満洲、上海、ロシア沿海州で続けられた。間島はその最大の拠点であり、植民地軍（日本軍）と直接対峙・戦闘する場だった。独立軍が日本軍を打ち破った青山里の戦闘（二〇年一〇月）などが有名だ〔飯倉論考参照〕。

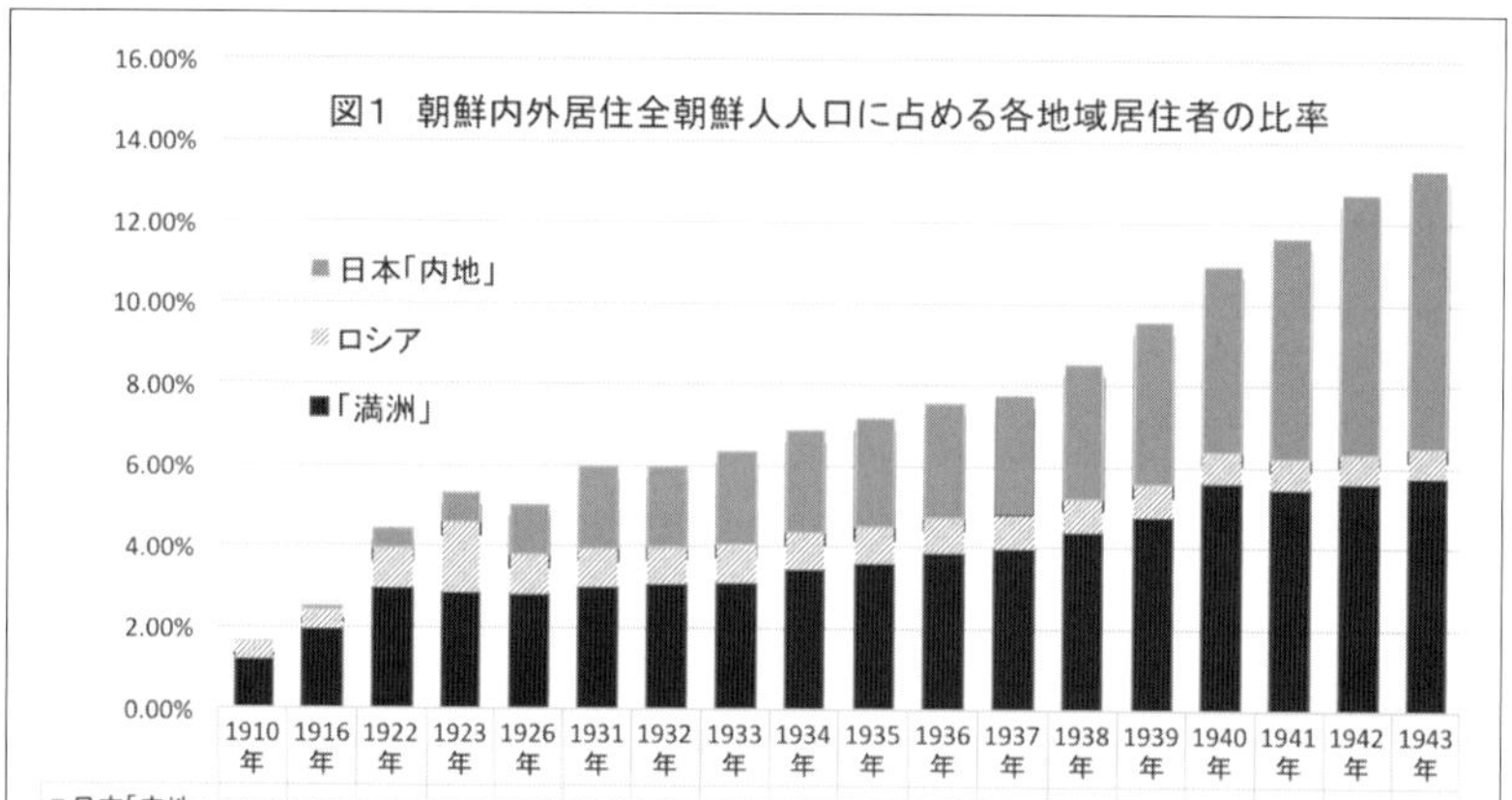

	1910年	1916年	1922年	1923年	1926年	1931年	1932年	1933年	1934年	1935年	1936年	1937年	1938年	1939年	1940年	1941年	1942年	1943年
日本「内地」	0.02%	0.11%	0.50%	0.74%	1.26%	2.04%	2.03%	2.32%	2.53%	2.69%	2.84%	2.94%	3.31%	4.00%	4.60%	5.45%	6.40%	6.87%
ロシア	0.41%	0.44%	0.96%	1.70%	0.96%	0.93%	0.91%	0.93%	0.91%	0.87%	0.86%	0.85%	0.83%	0.82%	0.77%	0.73%	0.72%	0.71%
「満洲」	1.19%	1.96%	2.97%	2.86%	2.81%	3.00%	3.06%	3.11%	3.44%	3.61%	3.86%	3.96%	4.39%	4.74%	5.60%	5.48%	5.62%	5.77%

（出典）外村大〔2009〕より筆者作成。

これに対して日本官憲は、「不逞鮮《ママ》人取締」の強化にのりだした。「不逞鮮人」とは、独立運動を行う朝鮮人に対し「陰謀」「反逆」と結びつけられてつくられ、しだいに一般の朝鮮人にも使われはじめた民族蔑視的な言説だ。この「不逞鮮人」言説は、関東大震災時の朝鮮人虐殺（一九二三年）前後に日本「内地」の新聞・雑誌に頻出した。

注目されるのは、「不逞鮮人」という造語のルーツが日本の在間島総領事の作成した報告（一九一六年）にさかのぼることだ〔ヘイグ二〇一一〕。つまり日本での使用に先立って、一九一〇年代の間島で外務官僚の造語「不逞鮮人」が「外地」の新聞で使われだし、三・一運動以降の日本で一種の流行語になって、震災時の朝鮮人虐殺に結びついた。いっけん無関係にみえる満洲と日本に住む朝鮮人が「不逞鮮人」言説でつながっていたのだ。

　このように一九二〇年代には、朝鮮から日本への移動も増加した。背景には、朝鮮総督府による土地調査事業（一〇年代）、産米増殖計画（二〇年代）によって自作農が没落し土地を失った小作農が急増するなど、朝鮮農村の窮乏がすすんだことがある（満洲移民も同様）。朝鮮人（主に男性）は日本各地の都市部などに移り住み、主に日雇い労働者になった。日本人労働者よりも低賃金だったからだ。ただし日本渡航は、「渡航証明書」制度によって制限された。これは、日本人に適用されない差別的な政策だった。

　ざっくり言えば、一九二〇年代の移動元・移動先は、朝鮮南部からは日本へ、朝鮮北部からは満洲だった。ただし二〇年代後半には、朝鮮南部の農家で満洲に移住して水田耕作を行なう者も増えた〔朴敬玉二〇一五〕。この時期には、また、日本が領有した樺太にも朝鮮北部出身の朝鮮人労働者が増えた〔三木二〇〇六〕。日本が各植民地に移植した公娼制を背景に、朝鮮人女性の詐欺的人身売買ルートが組織化され、満洲・台湾・中国大陸などに広がったことも見逃せない〔藤永二〇〇〇〕。

2　帝国日本による強制力を伴った朝鮮人の移動
〜一九三〇年代から日本敗戦まで

　一九三〇年代には、朝鮮人の満洲・日本への移動が急増した。満洲からみよう。その画期は「満洲事変」と「満洲国」の建国だ。まず、朝鮮からの新規自由移住民（朝鮮北部出身の事変避難民と朝鮮南部の自然災害民）が激増して、北満東部地方の水田開墾を行った。「満洲事変」後には中国人による排撃が起こり、在満朝鮮人避難民が大量に生まれた。これに対する朝鮮総督府の応急策が一九三二年から始まる、「自作農創定」を名目にした安全農村と集団部落の建設だった。相対的に「治安」のよい満鉄沿線附近につくられた安全農村に比べて、集団部落は抗日闘争が活発な間島地方につくられ軍事要塞の構造と機能をもった。三四年には「満洲国」政府も、「治安」対策を優先する関東軍主導で、間島地方や南・北満各地に集団部落の設置を開始した。

　満洲各地の中国人の軍隊や民衆は、自発的な反「満洲国」抗日闘争に立ち上がった。関東軍の討伐作戦で鎮圧されると、一九三三年に中国共産党が組織した東北人民革命軍が勢力を拡大して、抗日遊撃戦が主力になった。同軍は、三六年に東北抗日聯軍と改称され、第一軍から第一一軍までを有する大勢力に発展した〔笠原二〇一七〕。とくに白頭山《ペクトゥサン》（長白山）一帯は、朝鮮人を中心とする東北抗日聯軍が活発だった。女性隊員もいた〔原著「朝鮮族簡史」一九九〇〕。朝鮮人隊員のほとんどが新たに満洲に移民した貧農家庭出身で、遊撃隊に参加するまで教育の機会に恵まれなかった〔和田一九九二〕。

　これらに対し、関東軍以外に一九三二年に満洲国軍が創設され、その隷下に三八年に対ゲリラ専門で朝鮮人青年を徴募した間島特設隊が組織された（飯倉論考）。その後、関東軍と満洲国軍・警察による「治安粛正」作戦は、抗日聯軍に大打撃を与えた。

　また見逃せないのは、日本軍「慰安婦」として朝鮮人女性が送り込まれた先でもっとも多いのも満洲だったことだ（第1部8）。

　一九三六年に移民助成会社の鮮満拓植株式会社が「京城」（現ソウル）に、満鮮拓植株式会社が新京（現長春）に設立され、三七年から朝鮮総督府、「満洲国」政府・関東軍による本格的な朝鮮人農業集団移民事業がはじまった。この集団形態の新規農業移民の出身地は、朝鮮南部が多かった

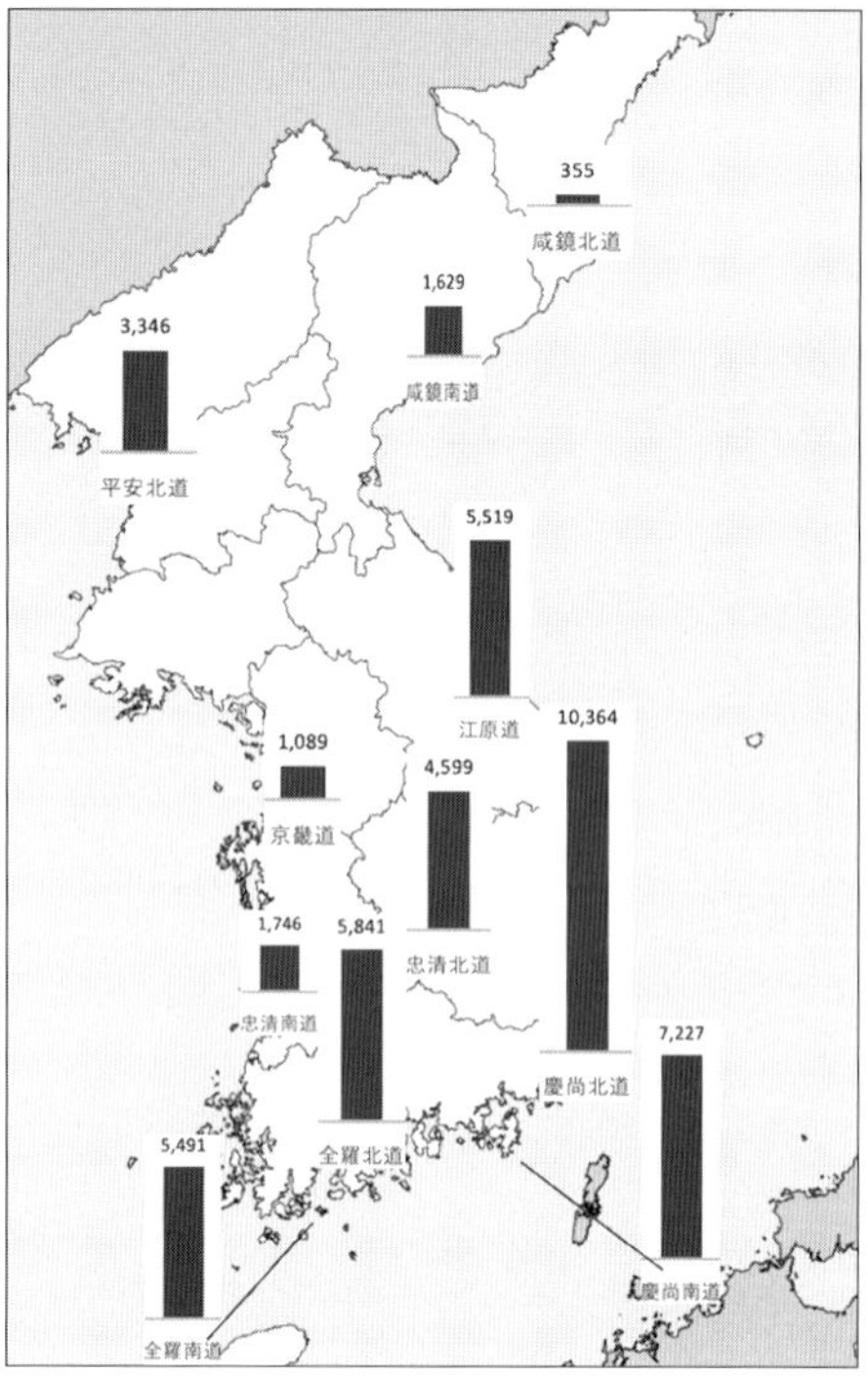

【図2】朝鮮人「集団移民」の出身地別地図（1937～39年）。〔金永哲2012〕より筆者作成。棒グラフの数字は移民数を指す。

【図1】。しかも各道に割り当てられたので、行政的な強制力をともなった。入植先は、関東軍の意向によって東北抗日聯軍の活動が活発な間島などの荒れ地だった。（以上、孫春日論考、金永哲〔二〇一二〕参照）。これら集団移民の記憶と痕跡に、写真と証言を通じて光を当てたのが李光平なのである（第1部）。

なお、一九三七年までにソ連にいた朝鮮人（高麗人）は、スターリンによって中央アジアに強制移住させられた。

一方、日中戦争が始まり戦時体制に突入すると、一九三九年から朝鮮人の日本への移動数は飛躍的に増えた。日本政府が国策として、日本の炭坑や軍需工場などに朝鮮人を動員したためだ。日本政府は「労務動員計画」などをたて、政府が承認する募集（一九三九年～）、朝鮮総督府が積極的に関与する官斡旋（四二年～）、国民徴用令の発動（四四年～）などによって朝鮮人男性を動員したのだ。募集初期から割当人数を確保するため、行政や警察が関与するなど強制性をおびた。旧内務省の「労務動員関係朝鮮人移住状況調」などによれば、朝鮮からの動員は約八〇万人に達した。そのため四二・四三年には、日本への移動数が満洲へのそれを追いこした【図1】。

一九四〇年代の満洲には、朝鮮総督府の斡旋で「朝鮮人満洲開拓青年義勇隊」が四〇年から募集され送り出された。四三年から「満洲開拓女子勤労奉仕隊」も実施された。「大陸の花嫁」の朝鮮版だ。また四二年からは朝鮮人満洲開拓計画（第二次）がたてられ、新規に農業移民が送り出された。少数だが、主に朝鮮南部から日本統治下の南洋諸島（ポナペ島、テニアン、パラオ）に三九年に「農業移民」に行かされ〔樋口一九九八〕、四〇年代からは労働者としても動員された〔今泉二〇〇九〕。

その結果、一九四三年段階で日本、満洲、ソ連に居住する朝鮮人数だけで約四〇〇万人、全体の十三・八四％に達した〔外村二〇〇九、図1〕。少なくとも朝鮮人七、八人に一人が朝鮮外移動を余儀なくされた。まさに「植民地ディアスポラ」だった。

3　満洲に移動した朝鮮人の特徴

さて、朝鮮人の満洲移民は、ほかの移動先と比べてどのような特徴があるのだろうか。

第一に、一九世紀後半から満洲に家族で移住した朝鮮人農民が水田を開発し、中国東北に稲作を普及させたことだ。

日露戦争以降、関東州を中心に米を主食とする日本人が増加し、その影響で中国人（漢民族）も米を食するようになった。一九二〇年代にその傾向がさらに強まり、米の需要が急増した。そのため稲作技術をもつ朝鮮人が、中国人地主の下で小作農として米生産を担った〔朴前掲〕。

先述のように、三〇年代に新規移住民が北満東部地方に入植し、水稲栽培が大きく発展した。さらに「治安」対策として安全農村、集団部落がつくられ、集団農業移民が送り込まれた。しかし日本人入植地では、朝鮮人農民が開発した水田も日本人に明け渡さねばならなかった。

それでも満洲に渡った朝鮮人の大部分は、満洲でも農民だった（満鮮拓植株式会社〔一九四二〕は約八割が農民と推測）。日本に渡った朝鮮人が日雇いや炭坑などの単身男性労働者が多かったことに比べると、対照的だ。

現在の中国で、東北米は寒冷地良質米として知られているが、その稲作をもたらしたのは朝鮮人だった。

第二に、朝鮮人が集住した間島は一九一〇年代後半から朝鮮人独立運動や独立武装闘争、三〇年代の抗日武装ゲリラ闘争の重要な拠点になった。とくに三〇年代に、朝鮮人は中国人とともに活発な抗日闘争を行なった。このことは間島が、初期に独立運動と植民地軍（朝鮮軍、関東軍）・警察、一九三〇年代からは抗日聯軍と植民地軍（関東軍、満洲国軍、間島特設隊）・警察との間で、激しい対峙・戦闘状況に置かれたことを意味する。

第1部4・5は、朝鮮総督府や関東軍によって抗日武装闘争の「危険な」最前線にある間島に、集団部落の農業移民として送り込まれた朝鮮人たちがどのような厳しい状況に置かれ、どのように東北抗日聯軍を鎮圧する植民地軍や警察を、あるいは同胞である抗日聯軍をみていたかをうかがえる貴重な証言になっている。

第三に、満洲にすむ中国人、満洲で支配者となった日本人との間で、朝鮮人はダブルバインドな状態に置かれた。朝鮮人は日本帝国の権利なき二流臣民にすぎなかったが、一九二〇年代から満洲の中国人社会では朝鮮人を「日本人の満洲侵略の先兵」とみなす宣伝が行なわれ、朝鮮人「排撃」が「排日」運動の一部になることもあった。

その実例が、万宝山事件（一九三一年七月）だ。長春郊外の万宝山地域で日本により入植させられた朝鮮人農民と現地の中国人農民が水路をめぐって衝突し、日本の武装警官が出動した。その後、「朝鮮人圧迫」が誤報され、朝鮮で華僑襲撃事件が起こった（橋本論考参照）。

第四に、朝鮮人の満洲経験が日本敗戦＝植民地解放後の南北分断と政治におよぼした甚大な影響だ。満洲で抗日武装闘争を闘った金日成が朝鮮民主主義人民共和国の建国指導者に、満洲国陸軍軍官学校・日本陸軍士官学校を出て関東軍・満洲国軍に配属された朴正熙が韓国大統領になったのは、その象徴的な例だ。

4 「分断ディアスポラ」としての朝鮮人

このように、「植民地ディアスポラ」としての朝鮮人にとって、満洲と日本は二大移動先だった。満洲は、「韓国併合」から一九四〇年代まで長期かつ一貫して最大の移動先だった。一方、日本への移動は、戦時労働動員により満洲以上に急増したため、四〇年代に量的に逆転した【図2】。

植民地解放直後、その多くは満洲、日本から朝鮮に帰還した。しかし米ソによる南北分割占領と朝鮮戦争によって、一千万人の離散家族がうまれた。こうした南北分断と東西冷戦のなかで、さまざまな理由で中国に残留した一三〇万人が中国朝鮮族に、日本に残留した六〇万人が在日朝鮮人を形づくり、現在にいたっている。

二一世紀になっても、朝鮮人が朝鮮半島の南・北、日本や中国に自由に行き来できないという意味で、「分断ディアスポラ」は続いている。

移動という生存、抗い、円環
——植民地空間をめぐる文学テクストたちを辿って

橋本雄一

1 「間島」あるいは延辺〜朝鮮からのルート、アジール

朝鮮に対する近代帝国日本の強占と併合。それはあらゆる朝鮮人へ差異を持った喪失や変化をもたらし、とくに後期独立闘争の人士と下層農民の人びとはそこからの脱出を目指した。移動を経て辿りついた先も、また別のロシアと日本による植民地中国東北であり、その後の「満洲国」であった。そこに辿りついてなお、アジールの地は生存の危機が円環したのだ。本書の第1部の4・5・6章にとくにそれらの証言があり、さらに「満洲国」以前に中国人との「衝突」も生まれた。

「北間島」龍井の明東村に生まれた詩人、尹東柱《ユンドンジュ》（一九一七〜四五）。始まりの場所大陸東北部——植民地朝鮮——帝国日本の首都……と移動しながら朝鮮語の旅を続けようとした。次の詩は、円環を断ち切りたいという願いが、その「あたらしい」という形容詞に思えてならない。〈いつも〉の自分の〈本当の〉道を行きたい、という言語である。

きのうも行き　きょうも行く
わたしの道　あたらしい道
タンポポが咲き　カササギが飛び
娘が通り　風が立つ
わたしの道は　いつもあたらしい道
きょうも……あすも……
川を渡って森へ
峠を越えて村へ

尹東柱「あたらしい道」より〔宋友恵二〇〇九〕

2 中国の近代文学がみた植民地空間と「移動」

詩人、聞一多《ウェンイートゥオー》（一八九九〜一九四六）は、自身がドイツと日本の植民地期を体験した青島で教鞭をとった。その詩《七子之歌》（「七つの子の歌」。一九二五年）は、当時の中国人作家が植民地化された中国大陸全体をどのように見ていたかを伝える一つの資料である。

旅順、大連

僕たちは双子の兄弟、旅順と大連。
僕たちの運命は何に喩えればいいだろう？
二人の強暴な隣人が入れ替わり立ち替わりで踏みつけ、
僕たちはこの暴徒の足元で二つの泥の塊になっている。
母さん、もう帰る時が来たよ、僕たちを早く迎えに来て。
あなたは息子たちがどんなにあなたを想っているか知らないんだ！
母さん！　僕たちは帰りたい、母さん！……

（部分。日本語訳は引用者。以下すべて同じ）

ほかにマカオ、香港、台湾、威海衛、広州湾、九龍が取り上げられ、それらのヴァースはすべて同じ行数で構成される。「満洲事変」（中国側の呼称は「九一八事変」）の以前に、中国人作家が中国の地をスキャニングし（視線の〈移動〉）、戦争と植民地経営の外来帝国主義を批判する。「中国」自身に対しても「奮起」を促す。そのような抗いの言語である。「中国」を「母親」になぞらえ、そこから切り離された七カ所のゾーンを息子・娘と捉える。彼・彼女らが行くべき方角は、各ヴァース最終行のリフレインが示す。

ただし「中国」を象徴的に俯瞰するゆえに、東北は「旅順・大連」のみであり、たとえば「間島」やハルビンという空間は度外視されている。

日本敗戦後からの中国東北部で、抗日戦争あるいは国共内戦における朝鮮人の活動・犠牲者の記録・顕彰は、漢民族のそれと比べると、より広い場では可視化されなかった。たとえば黒龍江省ハルビンの〝烈士陵園〟では、漢民族の〝烈士〟（国内革命や対外戦争における戦闘で犠牲になった兵士）には一人一人の墓碑が建造されているが、朝鮮民族のそれは「二十一人の烈士の墓」【写真1】という一基（一九五七年造）のみなのだ。吉林省延辺朝鮮族自治州では文化大革命終結後から、朝鮮族の地方政府と人びとによって「革命烈士記念碑」【写真2】が各村に立てられ、現在六

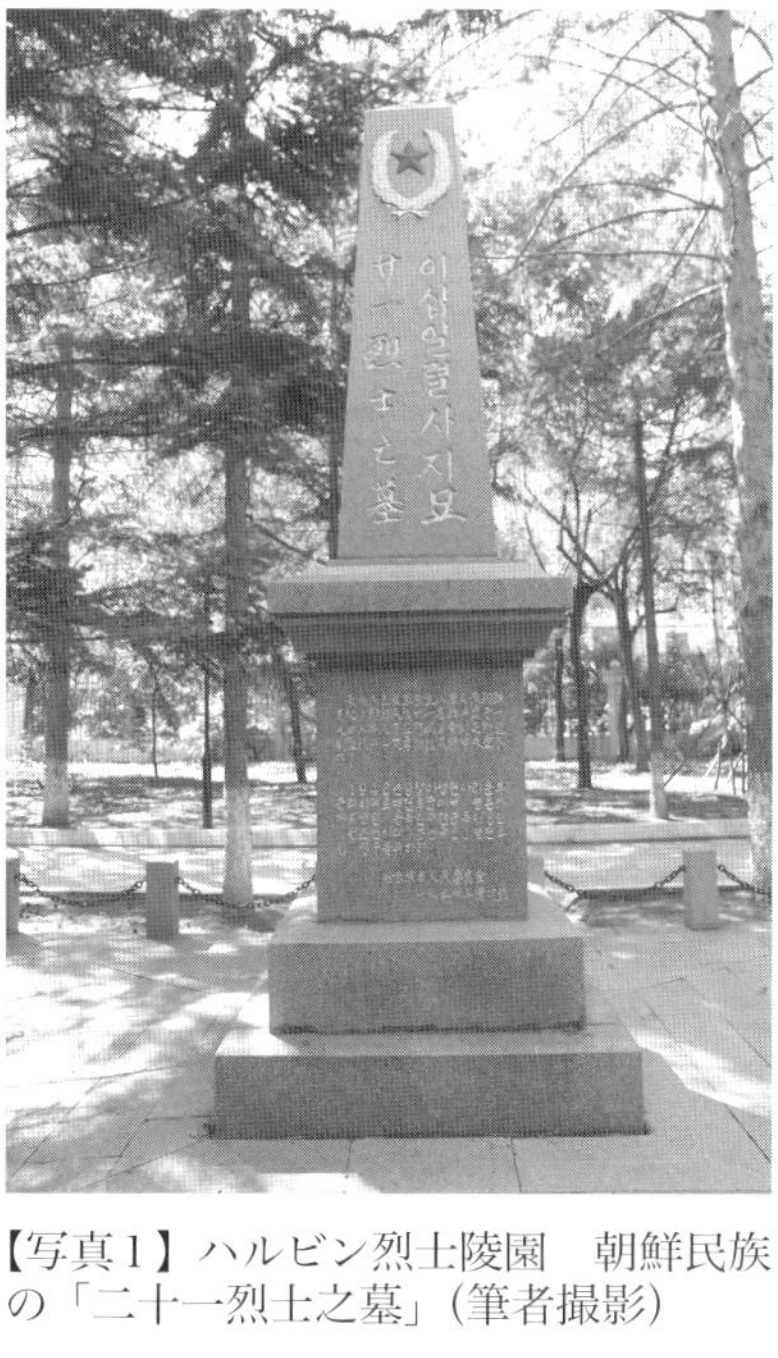

【写真1】ハルビン烈士陵園　朝鮮民族の「二十一烈士之墓」（筆者撮影）

【写真2】安図県明月溝の「革命烈士記念碑」（筆者撮影）

○○基あまりが存在する（本書の李光平氏談）。中国「少数民族」にとって歴史の社会的記憶とはまさに、社会で歴史記憶が「自己実現」していく過程でもあった。

さて、そのハルビンを「満洲事変」後に記録した散文集が、蕭紅《シアオホン》（一九一一〜四二）の《商市街》（一九三六年、上海で出版）である。

> 私は突然立ちどまった、驚かされたかのように。ハルビンが私たちと別れようとしている！ あと十日、十日ののちに私たちは列車の上、海の上の人となる、松花江も見られなくなるのだ。「満洲国」がこの世にある限り、私たちはこの土地に戻ってくることはないのだ。
>
> （「最後の一週間」より）

作家はハルビンで創作を開始、のち三四年六月植民地鉄道と船を乗り継いで〈故郷〉を脱出、大連〜青島〜上海と渡った。漂流はさらに続き、民国政府の抗日戦線移動と共に西安〜武漢といった内陸、最後は「太平洋戦争」開始の初日に日本軍が進駐する香港だった。戦争と植民地の道を〝流亡〟（中国語で言う漂流と亡命の意）し、〈女性〉と〈故郷〉＝中国東北を表現した文学世界だった。「男性」・「伝統」・「帝国主義」に抗いながら移動、多様な〈外〉に出て実現したテクストである。

中国東北人作家による南の中華民国中心部へ向けた〝流亡〟は、朝鮮半島から中国東北部「間島」へ渡った朝鮮人抗日人士とは目指す地理の方角は逆だが、移動の原因は通底する。蕭紅が脱出したそのような意味の「満洲国」を、しかし本書の朝鮮人集団移民は目指した。

3　移民を描くテクスト〜東北へ、「満洲」へ

東北に移入する中国農民を詩にしたのは、梁山丁《リアンシャンティン》（一九一四〜九五）である。初期ハルビンで蕭紅らと活動するも、「満洲国」下に留まって創作、のち四三年いまの北京へ脱出、さらに共産党の山西省・内モンゴルの一部・河北省を合わせた拠点へ行く。四三年「満洲国」下の《青年文化》誌八月号に発表した詩《拓荒者》は、年老いた父親と若い息子が東北の大地を徒歩で旅する。息子は好奇心から故郷を飛び出し、大都市で暮らしている。その彼を、父は故郷の農村に連れ戻そうとしているのだ。父はその親の代に南から移住してきた農民だと、息子に説明する。

> 六十年前（中略）／やはりこんな初夏の晩だった／おまえの祖父は二つのかごを天秤棒で担いでいた／一つはおまえの祖母が乗ったかご、一つはわしが乗ったかご／冀州の南宮からこの封禁の国へと流れついた／おまえの祖父はちょうどおまえの年の頃／故郷は災害と戦禍に見舞われ（中略）／行き先のわからない未来を必死で求めてここにやって来た／東北は黄金のあふれる土地と言うが／自分の運命は自分の手で切り開かねばならん／時には河辺に時には草むらにわしらは野宿し／民家の軒先を借りて雨風をしのいだこともあった／木の根をかじりながら／いのちの彷徨を感じたものだ

長篇詩「拓荒者」には、〝北方〟、〝関東〟という、万里の長城から以北つまり中国東北の名がテクスト内にちりばめられる。息子の祖父が開拓者として東北に来る家族の前史として、〝冀州〟（河北省の別称）や〝南宮〟

（現在の河北省南部の県城）といった地名も明示される。東北への中国漢民族の移動・移住は、河北省や山東省の農村出身者が多かった。仕事・生活・生存を求める彷徨がこれらの地名をつなぎ、移民の一家の歴史を浮かび上がらせる。

　二人は谷底の粗末な宿に投宿した／土で固めた大きなオンドルの上にはほかの開拓民の家族たちもひしめき合っていた／彼らは将来への無数の夢を懐に抱き／陝北の三辺から北方へと渡ってきたのだった

〝三辺〟とは今の陝西省の最北部に位置し、内モンゴル自治区と接する地域である。詩は、南の中国ゾーンから戦火・政治・災害を逃れて東北植民地に移動・移住する農業移民について、証言する。その空間的源流を述べることで、作品発表時の植民地「満洲国」というドメスティックな地政学を、越え出ていく。アウターな構造によって、言語と物語が眼の前の時間と空間を食い破り、〈外〉へと出ていこうとするのだ（橋本雄一二〇〇三）。

そのような道の形をもって移動して来た中国人農民と、やはり朝鮮から移動して来た朝鮮人農民との衝突が、一九三一年に起こる。「万宝山事件」である。長春の北郊外、伊通河沿岸の地で、中国人地主から土地を借り稲作のために河から水を引こうとした朝鮮人農民と、従来の農作習慣と土地権利の問題からそれに反対する中国人農民との軋轢だった。三一年春から用水路を開削する者とそれを阻止する者、いずれも日々の生存の動機に始まり、同年七月長春の満鉄付属地管理の日本側官憲の介入は朝鮮人農民を支持、それへの中国人農民の反発がいっそう高まる。東北の深部へとさらに手を伸ばす日本の「満洲事変」、につながったとされる。

拓殖会社などの斡旋で下層農民たちが朝鮮から大陸東北部に移住、当時すでにその数は六三万人という。七月の衝突について朝鮮人農民に死者が出たと、民族衝突を煽る日本側官憲がデマを流し、メディアも虚報してしまう。結果、朝鮮の仁川や平壌・京城（現在のソウル）を中心に、中国人を排斥する運動や事件が起き、朝鮮全土で多数の死者を出した。当時魯迅《ルーシュン》はもちろん日本帝国主義とその植民地政策を批判するなかで、この朝鮮における事件についてささやかに言及する、「朝鮮人はむやみに中国人を殺し、日本人は『人を食べる血塗られた口』を大きく開けて東北三省を呑み込んでいる」（《〝民族主義文学〟の任務と運命》一九三一年）。

日本が発動した戦争や植民地経営の時間は、多様な農業移民者を生み出した。本書の第1部で証言する人びとやその親の世代は、日本側の軍や警察の監視にさらされ、かつ第1部―5章にあるように抗日聯軍と接触しつつ、植民地内の戦争に巻き込まれた。それだけではない。「万宝山事件」のように植民地権力に統治され監視される側の人びとどうしは、さらに眺め合い対峙させられ、衝突させられたのだ。日本植民地からやって来る者つまり侵略者側の人間、という朝鮮人イメージも大きく作用した。

事件を視覚化しかつ双方からの抗日を呼びかける力を目指した長篇小説に、中国人作家・李輝英《リーホェイイン》（一九一一～九一）の《万宝山》がある。東北出身作家によって三三年上海で刊行された物語は、中国人と朝鮮人が団結して日本帝国主義と植民地主義に抵抗していくように描かれている。事実と異なるテクスト・ラインがあるものの、統治される側による自己相克が目指されている。

一九三八年、やはり「万宝山事件」を背景とした小説がある。「満洲国」下に日本語で創作した朝鮮人作家、今村栄治の「同行者」(『満洲文芸年鑑』第三号、満洲文和会、一九三九年)である。「満洲事変直前の、新聞記事どおりにいえば、日支の風雲いよいよ急なる、八月末であった。中村事件(中村震太郎大尉殺害事件――引用者注)、万宝山事件とあいついで起こり、長春の付属地では、日本軍の威嚇演習が日夜の分別なく、街々で行われている」。主人公の申重欽は「朝鮮人として生れていながら、朝鮮の風俗や習慣を毛ぎらいし、言葉さえ忘れかけて、日本人になろうとしてきた。そして今になって結局どちらにも容れられずに、両方から絶縁されて(中略)満洲のへんぴなところへ追いやられていく」と自分を省みる。長春から荷馬車で二日かかるという場所に移住し十五年になる兄の農家を訪ねていくのだが、その馬車で一人の日本人と相乗りすることとなる。用心のため中国服を着る申と抗日朝鮮人士を恐れて朝鮮服を着るその日本人。政治事情を背景に二人を描く滑稽な筆致が、反対に当時の東北植民地の民族をめぐる深刻さとシンメトリーになっている。最後、この日本人に「不逞鮮人」と呼ばれる朝鮮人青年たちが道路の前方に出てきて立ち塞がり、馬車は刻々とそこへ近づく。日本人は申のことを彼らの仲間と疑って拳銃まで取り出し、二人は車上で揉み合いとなる。

申は何度もくりかえす、「いったい俺は、どこへゆくのだ!」

4　移動じたいが持つ抗い、そして円環する困難

ドゥルーズ、ガタリは言う、「歴史を作るのは、歴史にあらがう者だけだ」、と(ドゥルーズ、ガタリ二〇一〇)。

移動しなければならなかった朝鮮人作家、また本書でクローズアップされた移民たち、また先に紹介した中国人作家・移民たちは、自分の場所の現実に対して違和を持ち、移動の体験と精神で抗う者である。近代植民地主義という歴史に呑み込まれつつも、自分の生を求めて旅する。「同行者」の朝鮮人、申は帝国日本と東アジアの成り行きとその「運命」とを担わされた自分自身、という円環の困難に叫ぶ。

帝国政治の管轄下に現実的にも認識的にも置かれた一植民地は、移動という抗いによって、揺さぶられたのではないか。移動・移住する者=民たちによって、一つの植民地と別のまた一つの植民地とが繋げられ、しかし双方の境界が破られ、帝国の地政学は綻びていった、とも言えないか。こうした〈移動〉を、抗いとして能動的にとらえることは、どのように可能だろうか。

たとえば「満洲国」がついに国籍法を造ることができなかったのは、この「国家」の生命があまりに短かったという時間のことだけでは説明できない。〈移動〉する者たちによって〈抗い〉の歴史が作られ続けたから「植民地」は続いたし(「人員」の供給)、また崩壊したのだ(流動する「境界」)。それは帝国と植民地権力の側が作れなかった〈歴史〉である。ドゥルーズ、ガタリはこうも言っている、「歴史に同化する者、歴史を修正する者によって歴史が作られることはない」(同前)。地理と地勢を規定した「国境地帯法」は「満洲国」は持ったが、自分の内部に住みまた移動するひとをめぐって規定する法律的権威は最後まで持てなかった。そのことを「満洲国」にいながら鋭く突き美しい小説を残した中国人作家・石軍(一九一二~五〇)がいる。

移動の別のベクトルで朝鮮人を印象的に刻印したのは、金史良《キムサリャン》である。植民地朝鮮と帝国日本を横断して創作した彼は、日本語エッセイ「玄界灘密航」(一九四〇年、『文芸首都』八月号)で、朝鮮から帝国日本の本体へという移動を、海を渡る密航の現実に結晶させた。「朝鮮の百姓達」

の「漂流民」が「お伽話のように景気のいいところと信じている内地へ渡」る現実を「命がけ以上」の行為だと伝える。作家自身が平壌高等普通学校在学時に起きた抗日行動の中心人物とされ、退学処分を受ける。釜山まで行って密航を考えたと告白。帝国の辺境＝北九州では漂流民の密航「事件」が多発、「毎日のように」新聞に載った。帝国は自身が持った植民地の現地ネイティヴに揺るがされたのだ。

朝鮮のまた中国の人びとは、自分の生活と生存をかけて移動し、また移動を余儀なくされた。その行為は東アジアの近代植民地がどんな場所でありどんな時間であったかを、浮かび上がらせる。眼の前の現実を露わにし、現実を告発する抗いの体験につながった。また作家たちはそれを代弁した。日本の朝鮮強占後の近代東北への移動は、植民地から植民地へという地理と政治への漂流であり、さらに日本敗戦後の〝光復〟後には、中国大陸の国共内戦、朝鮮戦争、新中国成立後の政治闘争……というまた別の時間と政治の円環へ向かう漂流が待っている。

そのような事実とそのさなかのひとの心へと、越境して移動し考える。

間島における抗日闘争と日本の鎮圧政策

——朝鮮人集団移民政策の背景

飯倉江里衣

ここでは、一九三七年より行なわれた朝鮮人集団移民政策の背景を軍事的側面から考えてみたい。そこで注目したいのは、「満洲」(中国東北地域)における抗日闘争と、これに対する日本の鎮圧政策である。

関東軍は一九三一年に「満洲事変」を起こして「満洲」への侵略を加速させ、一九三二年に傀儡国家「満洲国」を建国することで「満洲」を自らの支配下においた。一方で「満洲」では、一九三〇年代に中国人と朝鮮人が共同戦線を組み、激しい抗日闘争を繰り広げた。日本側は抗日勢力に対する武力鎮圧に乗り出すが、当初はその成果が十分にあがらなかった。しかし、日本側は一九三〇年代半ばにいたって鎮圧政策の転換をはかる。朝鮮人集団移民政策とは、抗日勢力に対する日本の鎮圧政策転換と結びついていた。

このように「満洲」で、抗日闘争とそれに対抗する日本の鎮圧政策が展開される中で、朝鮮から間島へ集団移住させられた人びとは移住先でどのような状況に置かれたのかを考えてみたい。

1　一九三〇年代以前の間島と朝鮮人

一九三七年から実施された「満洲」への朝鮮人集団移民政策では、政策開始初期の一九三七〜一九三八年は入植地域が間島省に集中していた。一九三七年には全体の朝鮮人集団移民数一万二九五一名のうち、間島省に一万一八四六名(約九一・五%)、一九三八年には一万四四二七名のうち、九三八四名(約六五・〇%)が入植した(一九三九年には、二万二一八〇名のうち五七五二名で約二五・九%と減る)〔金永哲二〇一二〕。

間島省とは、一九三四年に「満洲国」でつくられた行政区分であり、吉林省に属していた延吉県、汪清県、和龍県、琿春県の四県に、奉天省に属していた安図県が加えられて成立した。しかし、間島という呼称自体は、古くからこの地へ耕作をしに朝鮮北部から豆満江を渡って来た朝鮮人によって、間土、墾土、艮土、艮島(艮＝東北方、いずれも朝鮮語音ではカントまたはカンド)などとともに使われていた。やがて、家族を連れてこの地に定住する朝鮮人も増えたが、特に定住者が急増したのは、一八六九〜一八七一年の朝鮮咸鏡北道地方における大飢饉以降であった〔姜在彦一九九七〕。

こうして間島への本格的な朝鮮人移住は一九世紀末頃より始まるが、

一九一〇年の「韓国併合」以降は、いっそう間島への移住者が急増した。植民地朝鮮での土地調査事業などによって土地を失った農民や、一九一九年の三・一独立運動後、朝鮮で強化された独立運動に対する弾圧を避けて亡命した者などが間島へ移住したためである。一九二五年末時点で、間島四県（延吉、和龍、汪清、琿春）の総人口四三万名余りのうち、朝鮮人は三四万六一九四名で約八〇・三六％を占めた〔同前〕。

亡命してきた朝鮮人は、間島が日本の法権が直接的には及ばない地域であったために、間島で激しい抗日独立運動を繰り広げ、日本の官憲を大いに悩ませた。とくに、朝鮮の三・一独立運動に呼応し、一九一九年三月一三日に龍井、三月二〇日に琿春で独立運動が展開されて以降、間島での独立運動は武装闘争へと発展し、日本の官憲に強い危機感を抱かせた。やがて、間島の独立軍を武力で鎮圧する必要性に駆り立てられた日本は、翌一九二〇年一〇月二日に中国人馬賊を利用して琿春の日本領事館分館を襲撃させ、これを「不逞鮮人《ママ》」の仕業であると仕立て上げる事件を起こす（「琿春事件」）。この「琿春事件」は、一九二〇年一〇月から翌一九二一年にかけて日本が間島に軍を出動させ、朝鮮独立運動に対する強力な武力鎮圧を行い、多くの朝鮮人を虐殺した「間島出兵」（「間島事件」）の口実となった〔東尾和子一九七九〕。しかし朝鮮人も、間島に派兵された日本軍と戦闘し、日本軍に大きな損害を与えるなど激しい抵抗を行なった〔青山里戦闘〕。

また、一九二〇年代に間島では、龍井の朝鮮人学校である大成学校や東興学校の教員・生徒を中心に、社会主義思想に影響を受けた抗日運動が活発に展開された。さらに、一九二六年五月に朝鮮共産党満洲総局が創立された際には、龍井に東満区域局（東満＝間島）が置かれた〔姜在彦一九九七〕。このように、間島は一九三〇年代以前より朝鮮人にとって、抗日独立運動の聖地であり、日本の官憲にとっては非常に厄介な場所でもあった。

2 一九三〇年代の間島における抗日闘争

東北人民革命軍第二軍と朝鮮人

朝鮮人による間島での抗日独立運動は、一九三〇年前後に変化を迎える。このときすでに「満洲」では、民族主義系統の運動は日本の苛烈な鎮圧により衰退し、それに代わるように社会主義系統が勢いを増していた。朝鮮人共産主義者にとっての大きな変化は、一九二八年夏のコミンテルン第六回大会で採択された「一国一党」の原則が、「満洲」の朝鮮人に適用されたことである。一九二九年一一月にコミンテルンは、中国共産党中央委員会に対し、「満洲」の朝鮮共産党各派を解体してその党員を受け入れるよう指示をした。以後、一九三〇年を前後して多くの朝鮮共産党員たちは中国共産党に加入し、中国共産党員として抗日闘争を行うこととなったのである〔姜在彦一九九七〕。朝鮮人の合流によって間島の中国共産党組織は、それまでの知識層を中心とした活動から農民参加の運動となり、大衆的基盤を構築することができた。間島では住民の約八割を朝鮮人が占めていたため、朝鮮人農民の指示を得るのに、朝鮮人隊員らが積極的役割を果たしたからであった。以下では、間島で活動した部隊を追いながら、抗日闘争の中における朝鮮人をみていこう【図1参照】。

延吉、和龍、汪清、琿春の四県では、一九三二年夏から秋にかけて、中国共産党東満特別委員会指導のもとで抗日遊撃隊が組織され、一九三三年一月にこれら四県の遊撃隊は紅軍三二軍東満遊撃隊となったが、同部隊の隊員約三六〇名のうち、九〇％以上が朝鮮人であった〔〈朝鮮族簡

図1：間島で活動した主な東北人民革命軍・東北抗日聯軍部隊

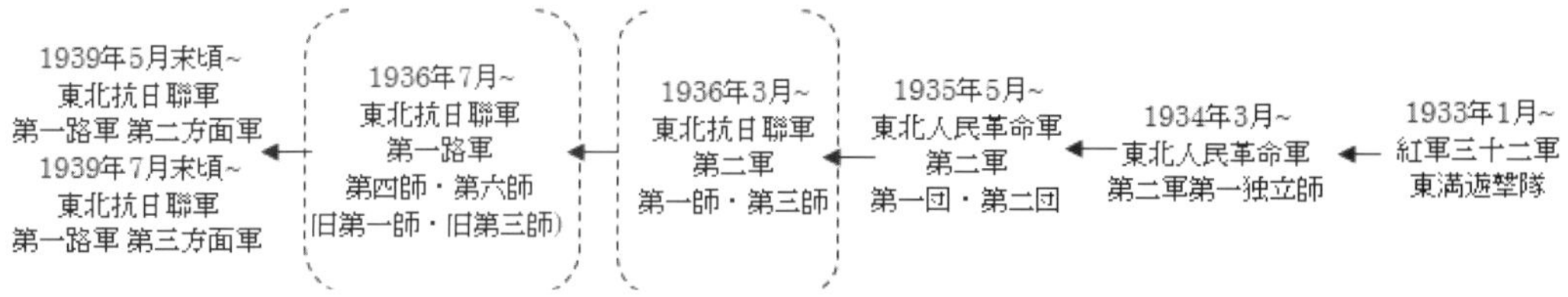

注：点線の括弧内は部隊が間島を離れた時期。

図2：東北抗日聯軍第一路軍第二方面軍指揮部（出典：厚生省復員局(橋本正勝編)〔1952〕。最後部真ん中の眼鏡をかけた男性が第二方面軍長金日成とされる）

史〉編写組一九八六〕。本部隊は、一九三四年三月に東北人民革命軍第二軍第一独立師として再組織化されるが、同年夏には隊員数が九〇〇名余りとなり、その活動地域は、延吉、和龍、汪清、琿春から安図までを包括していた〔姜在彦一九九七〕。

　ところで、東北人民革命軍内では一九三二年一一月以来、反「民生団」闘争によって、多くの朝鮮人幹部が粛清されるとともに、間島では抗日闘争を支える大衆的基盤を失ってしまった。そのため第二軍第一独立師は、活動の拠点を延吉、汪清などの中心部を離れて間島の北部および西部の周辺地域に移した。また、一九三五年五月には第二軍第一独立師の師部を軍部に昇格させ、一二〇〇名の隊員（三分の二が朝鮮人）からなる東北人民革命軍第二軍を成立させた〔同前〕。成立した第二軍は、南北で二手に分かれて行動することになったが、この時第一団と第二団が南の間島省安図県方面で活動した〔和田春樹一九九二〕。

東北抗日聯軍と朝鮮人

　一九三六年二月より東北人民革命軍は、「革命」優先から「抗日」優先への転換をはかり、順次東北抗日聯軍へと改編され、新たな出発を切った。東北人民革命軍第二軍は同年三月に第一師～第三師からなる東北抗日聯軍第二軍となったが、総人員数三〇〇〇名余りのうち、六〇％が朝鮮人で、指導層にも朝鮮人が二五％いた。反「民生団」闘争を経てもなお、朝鮮人は組織の中で重要な役割を果たしていた〔姜在彦一九九七〕。

　間島にいた東北抗日聯軍第二軍第一師および第三師は、一九三六年五月～一九三九年五月までの間、間島を離れて主に撫松県や長白県、臨江県などの南「満洲」で根拠地をつくりながら、朝鮮内への進出作戦を展開した。この間、一九三六年七月に第二軍は第一軍とともに第一路軍として編成されるが、一九三八年七月に第一路軍は三個の方面軍と一個の総司令部警衛旅の編制に改めることが決定された。その後、第二方面軍は一九三九年五月末頃より、第三方面軍は一九三九年七月末頃より間島での活動を再開する。

　第二方面軍軍長は金日成《キムイルソン》で【図2参照】、第三方面軍（一三～一五団の三個団）の三団長はすべて朝鮮人であった〔姜在彦一九九七、和田春樹一九九二〕。こうして、一九三七年より間島へ集団移住した朝鮮人たちは、一九三九年五月末頃〜七月末頃にかけて間島での活動を再開した東北抗日聯軍第一路軍第二方面軍および第三方面軍と接触することになるのである（ただし、本書七六頁によると、一九三八年八月、安図県大沙河高城屯に第一路軍総司令部警衛旅第三団が糧食を求めに現れたという証言もある）。

3　間島における日本の鎮圧政策

間島における日本の鎮圧政策の変化

関東軍は、一九三一年九月の「満洲事変」後に日本側へ投降・帰順した約一四万の中国東北軍閥軍兵士および将校を集め、一九三二年三月の「満洲国」建国と同時に親日軍隊として再組織化し、これを満洲国軍とした〔満洲国軍刊行委員会一九七〇〕。満洲国軍は、創設から一九四五年八月の武装解除（日本敗戦、「満洲国」崩壊）まで兵士の大多数を中国人が占めたが、関東軍の日本人顧問の管理・指揮下で行動した。

当初関東軍は抗日勢力との戦いにおいても、満洲国軍をあくまでも関東軍の補助的な存在とみなした。しかし、一九三四年春より関東軍の各師団・独立混成旅団・騎兵旅団などの戦略兵団が対ソ戦に備えることになってからは、「満洲国」国内の「治安」を主に関東軍独立守備隊と満洲国軍および「満洲国」警察に担わせることにした。これらの日本側部隊は、間島を含む「満洲国」各地で、一九三四年九月から「秋季大討伐」を、一九三五年二月からは大規模な掃討作戦を展開した。ところが、依然として東北人民革命軍が活発な活動を続けており、その効果は必ずしもあがらなかった〔山田朗一九六八、吉田裕一九八六〕。東北人民革命軍などの部隊は、農民や支持団体と密接に結びついていたため、武力一辺倒の弾圧では、その関係性を断ち切ることができなかったからである〔尹輝鐸一九九六〕。

そのような抗日闘争の内的構造を把握しはじめた日本側は、「一九三五年度秋冬季治安粛正工作」以降、既存の武力鎮圧政策を見直して、「治標工作」（武力討伐）・「治本工作」（集団部落の建設など）・「宣撫工作」（思想工作）と細分化し、これらを同時に実施するという鎮圧政策の転換をはかった〔同前〕。一九三七年から実施された朝鮮人集団移民政策も、集団部落建設とともにこの「治本工作」の中に位置づけられる。

朝鮮からやって来た人びとが自らつくらされ、入ることになった集団部落は、東北抗日聯軍の活動の根拠地に設置された。部落内の人びとが外に出られないよう、また、東北抗日聯軍が部落内に入ってくるのを防ぐために要塞としての構造と機能を有していた。集団部落は厚く高い土塁で囲まれ、さらにそのまわりには外濠があり、部落の入口に設けられた門には歩哨が立った。部落内の四隅には砲塔が築かれ、中央には部落内の成年男性によって組織された自衛団の建物が設置され、東北抗日聯軍を見張ると同時に、部落内の人びとの日常生活を監視させた〔尹輝鐸一九九六、金永哲二〇一二〕。このように集団部落の建設には、東北抗日聯軍（日本側は「匪賊」あるいは「共産匪」などと呼んだ）と民衆の関係を断絶しようとする「匪民分離」の意図があった。

間島特設隊創設による「以夷制夷」

関東軍が間島で行なった鎮圧政策の中で忘れてはならないのは、間島特設隊の創設である。間島特設隊とは、一九三八年九月に間島省延吉県明月溝で創設された満洲国軍内の朝鮮人部隊で、隊長とその下の連長の大半は日本人によって占められ、連長の一部とその下の排長以下の指揮官の大多数と一般隊員は朝鮮人であった。間島特設隊で指揮官を務めた朝鮮人には、植民地解放後に韓国軍の将校になった者も少なくない。間島特設隊の一般隊員は、間島省内に在住し、国民学校または普通学校卒業程度の学力と日本語能力を有する満一八歳以上二〇歳未満の朝鮮人男子より、第一期生から第七期生まで募兵が行なわれ、約六九〇名が入隊した〔『東亜日報』一九三八年一〇月一二日、中共延辺州委五人小組事務室一九六〇〕。

間島特設隊は、創設期〜一九四三年末までは間島省、一九四四年初め〜一九四四年秋までは熱河省平泉県、一九四四年秋〜一九四五年一月までは華北の河北省密雲県、一九四五年一月〜八月までは河北省灤県で抗日勢力に対する軍事作戦を遂行した。間島省では、東北抗日聯軍のうち、朝鮮人の多い第一路軍第二方面軍および第三方面軍に対する軍事作戦を展開した。つまり、間島特設隊とは、「朝鮮人によって朝鮮人を叩く」という関東軍による「以夷制夷」の戦略によりつくられたのであった。

間島で活動する東北抗日聯軍に対しては、一九三九年一〇月から一九四一年三月末までの「吉林・間島・通化　三省連合治安粛正工作」の時期に、集中的な武力鎮圧が行なわれた〔尹輝鐸一九九六〕。このときに編制された「討伐」部隊に間島特設隊も組み込まれ、関東軍独立守備隊や他の満洲国軍部隊、「満洲国」警察隊などとともに東北抗日聯軍を追い詰めていった〔姜徳相一九八六〕。このように、東北抗日聯軍とそれに対抗する日本側の部隊が激しく戦闘する日常のなかに、朝鮮人集団移民の人びとの生活は置かれていたのであった。

ここまでみたように、間島では一九三〇年代以前より朝鮮人による活発な抗日独立運動が行なわれ、一九三〇年代以降に朝鮮人は中国共産党指導下の東北人民革命軍および東北抗日聯軍の中で抗日闘争を継続した。特に朝鮮人住民の多い間島では、朝鮮人隊員が民衆との関係を築くのに積極的役割を果たした。それに対し日本側は、東北抗日聯軍と民衆との関係を断つべく、従来の武力鎮圧政策の転換をはかり、その一環として朝鮮人集団移民政策を行ない、朝鮮人を集団部落内に居住させた。それだけでなく関東軍は、満洲国軍内に朝鮮人で構成された間島特設隊を創設し、東北抗日聯軍の鎮圧に当たらせた。朝鮮から間島へ集団移住させられた人びとは、移住先で集団部落の建設を強いられた上に、東北抗日聯軍とそれに対抗する日本側との戦闘に巻き込まれた。しかし、本書の数々の証言からもわかるように、どんなに日本側が鎮圧政策を高度化させようとも、集団移民の中に東北抗日聯軍を助ける朝鮮人農民がいたことは事実であり、多くの人びとがそのような経験を語って残そうとしてきたこともまた確かな事実である。

コラム

写真から見る中国朝鮮族の若い世代からの民族史・個人史

朴《ボク》紅蓮《コウレン》

私は中国朝鮮族の三世である。祖父母は一九二〇年代に朝鮮から間島に移住した。祖父母が結婚して最初に暮らしたのは現在の延辺朝鮮族自治州（以下、延辺）の「安図貯水池」がある場所で、貯水池建設のため引っ越した。私の父親は中国が建国された一九四九年、母親は一九五〇年の生まれで、両親とも朝鮮族である。私は一九八一年に生まれ、その年に家族が所属していた人民公社が解体した。私には姉が二人いる。一九七〇年代末から中国でいわゆる「一人っ子政策」が実施されたが、朝鮮族は少数民族のため子どもを二人生むことができた。しかし、私は三番目の子だったので両親は罰金を払い、祖父母の誕生日などで親戚が来ると、「この子が罰金を払った子か」と言われた。そのたびに「私のせいでもないのに、またか」と思った。六歳まで祖父母と一緒に暮らしていたが、その後父親の転勤で離れて暮らすようになった。夏休み・冬休み（日本の春休み）は祖父母の家に行った。

私の記憶の中の祖父はいつも中山服姿で、祖母は一一九頁のような白いシャツ、黒いズボン、長い髪をまとめた姿だ。祖父母の村は朝鮮族だけが住んでいる村で、その隣に漢民族の村があった。祖父母の村で砧（四二頁）や餅蒸し器（四三頁）などの朝鮮族が使う道具をよく見た。夏休みや冬休みに祖父母の家に行くと、祖父は夕飯の後ドアの前に立ち南側の山を眺めながら、低い声で朝鮮語の歌をよく歌っていた。何の歌かと尋ねると、幼い時故郷で歌ったと話してくれた。

テレビもない田舎の長い夜、祖母に幼い頃のこと、なぜ朝鮮からここに来たのか、当時周りに日本人がいたかなどを訊いたことがある。当時の私にとっては祖母の人生に対する素朴な興味だったが、祖母の話は私が想像もできない「物語」だった。

祖母は三人姉妹の長女で、幼くして母親を亡くし、父親独りで育てられた。祖母の祖父母の世代は地主だったが、なぜかだんだん貧しくなったそうだ。ある時、父親が出かけた後、祖母と妹二人は食べ物が何もなく、七日間水だけ飲んでいた。餓死寸前になった時、ちょうど叔母が用事で家に来て三人姉妹に食べ物をくれたためどうにか生き延びた。祖母は七、八歳の頃、父親と二人の妹と一緒に延辺にきたが、なぜ故郷を離れてここに来たのかという私の質問に、「貧しかったから」と淡々と答えた。祖母が暮らした村には日本人がいなくて、市場がある隣の村にはいたという。

ある日、祖母は鶏を売るために市場に行った。その途中で日本人女性に鶏を買いたいと声を掛けられ、その家の庭に入ったが、日本人女性が買おうとする値段があまりに安く、祖母は日本語がわからないふりをして鶏をもって逃げた。祖母は、その女性が追いかけてきて無理やり鶏を安く買おうとしたらどうしようかと怖がった。市場に行ってみたら鶏の値段はその女性が買おうとした値段の倍だった。

祖父は日本語ができたが、祖母はあまりできなかった。一番上の姉は中学校から外国語として日本語を学んだが、家で日本語の宿題をしている姉を見ながら、祖父が日本語を話していた。それを見て私はびっくりした。なぜ朝鮮語の読み書きもできないのに日本語ができるのかと訊いたら、光復前は日本語しか話せなかったと祖父が答えた。

幼い頃、私は両親にも小さい頃の生活がどうだったかとよく尋ねたが、そのたびに両親は「文化大革命」の話をしてくれた。母親が中学校を卒業した時「文化大革命」が始まり、母は高校に進学できず農村に戻った。母は汪清県出身で親戚の話をする時によく「大荒溝」という地名を口にし、私は「変な地名だな、山奥かな」と思った。父親は当時「紅衛兵」になり喧嘩ばかりして、心配になった祖父母は父親を軍隊に行かせたそうだ。

二人の姉と私は小学校から高校まで朝鮮族の学校に通った。もちろん幼稚園も朝鮮族の幼稚園だった。朝鮮族の学校では、漢民族の学校と同じ内容の朝鮮語の教科書を使った。学校の先生たちも朝鮮族で朝鮮語で授業をした。朝鮮族の学校には「朝鮮語」という科目があって、朝鮮語を勉強した。全国統一試験である大学入試で、朝鮮族学校の受験者は漢民族の受験者に比べ「朝鮮語」という科目の試験を追加で受ける。その分勉強の負担も大きい。大学受験の際、新しく出た参考書は朝鮮語版がないため、中国語で見ることもあった。

大学卒業後、私は延辺を離れて天津市にある韓国企業に就職した。周りの多くの朝鮮族は経済が発展した北京、上海、広州など大都市で就職した。会社で朝鮮族は、駐在員である韓国人と中国人社員の間にいる特別な存在だった。韓国人が中国人の「悪い話」をするのも、中国人が韓国人の「悪い話」をするのも私は嫌だった。企業が現地化を促進する中で、朝鮮語ができるために朝鮮族は重要だったが、漢民族の中国人と比べると朝鮮族は「真の中国人」ではなく、昇進などの面で不利であった。就職する時、朝鮮族の学校に通わせ、朝鮮語を勉強させた両親をありがたいと思った。会社には朝鮮族だが朝鮮語ができない黒龍江省出身者、朝鮮族の学校に通っているが中国語で授業を受け、朝鮮語の読み書きに自信がない長春出身者もいた。彼女たちと比べて、私は朝鮮語がしっかりできることを「誇り」に思った。

天津市にいる時も日本へ留学した後も、「朴」という中国の漢民族にはあまりない苗字だったので、朝鮮族だと説明をする場合が多かった。しかし、自分で最初から言うことはあまりなかった。朝鮮族であるということは当時の私にとって特別な意味がなかったからだ。

二〇一五年、日中韓三カ国の大学生（中国の大学生は漢民族）が共同で参加するプロジェクトで、延辺大学の朝鮮族の大学生たちと交流したことがある。その時、なぜこの地に自分たちがいるのかについてまったくわからない朝鮮族の学生たちを見ながら、私は思った。なぜ誰も私たちに教えてくれなかったのか。なぜ私たちは知ろうとしなかったのか。なぜ私たちはこのような状況に関して疑問さえ持ってこなかったのか。

なぜ朝鮮族がこの地で暮らしているのかについて、私は考えたことがない。祖父母が朝鮮からこの地に来て父親を生み、両親が私たちを生んだから私がこの地にいるのが当然だった。朝鮮語の本で読んだ昔話、テレビで見た朝鮮族の民族の英雄の話、延辺の歴史もそれがいつから、なぜそうなったのか、その脈絡はぼんやりしたものであった。学校で民族の言語として朝鮮語は学んでも、民族の歴史は学ばず、中国の歴史を学んだ。偶然、家の本棚で見つけた高句麗の歴史に関する本が私が幼い時に見た朝鮮民族の歴史に関する唯一のものだった。延辺の隣に同じ民族が暮らしている国―北朝鮮と韓国があったが、幼い私にとってそれはただの外国だったのだ。少し大きくなると、北朝鮮は貧しい国、韓国は大勢の朝鮮族が出稼ぎにいって苦労する国となった。

日本で歴史関連シンポジウムで通訳をしたことがある。夜の飲み会でいろいろな話をするなかで、ある漢民族の中国人学者が一九四五年頃の北朝鮮関連の話をし、私に知っているかと訊いた。知らないと答えたら、「自分の民族のことも知らないのか」と彼は驚いた。そうだった。自分の民族のことを知らないのは、「自己責任」だ。中国人として、漢民族として、学校で中国の歴史を勉強した彼にとって、私はびっくりするほど「無知」な人間だった。

大学時代、同じ寮に朝鮮語ができない黒龍江省から来た朝鮮族がいた。私は半分冗談で「朝鮮語ができないなんてあり得ない、朝鮮族じゃない」と言った。その時の私は知らなかった。彼女の故郷には朝鮮族の学校があったもののそのレベルが低く、大学入試の漢民族出身者との競争で不利になることを。当時、朝鮮族の自治州である延辺では朝鮮族の学校が漢民族の学校より大学進学率がよかった。私の世代にとってよい教育を受け、高い学歴を取得することは「出世」であり、今後の競争で生き残るために必要な条件であった。多くの人にとって高校までのすべて勉強は大学入試のためだった。そのような状況で朝鮮語ができないのは、朝鮮族でありながら自分の子どもに民族の言葉を教えていない彼女の親の責任なのか、学校の勉強がいかに大変でも朝鮮族だからと、頑張って自分の民族の言葉を学ばなかった彼女の責任なのか。それとも生きるために故郷を離れ、この地に流れてきた祖先の責任なのか。

いま私は延辺から離れているが、歳をとったら生まれた場所である延辺に戻りたいと思っている。夕方、南側の山を眺めながら幼い頃故郷で学んだ歌を歌っていた祖父は何を考えていたのか。

あとがき

私たちが李光平先生に初めて出会ったのは、二〇一五年八月、中国吉林省延辺朝鮮族自治州の州都・延吉市においてであった。この年の春、私たちが所属する東京外国語大学では、中国の寧波大学、韓国の韓信大学校および聖公会大学校の学生・教員とともに、ビデオ通信による《東アジア合同授業》を行ない、その総仕上げとしてこれら三カ国・四大学の学生・教員とともに中国東北地方・吉林省のスタディ・ツアー《「満洲」の記憶・忘却・痕跡〜中国東北地方・吉林省を訪ねて》を行なった。現地では延辺大学の朝鮮族の学生とも交流した。

このスタディ・ツアーは、私たちに重要な出会いをもたらした。延辺大学で講演をしてくださった朝鮮人「満洲」移民研究の第一人者である孫春日先生、延辺朝鮮族自治州のフィールドワークの案内をしてくださった李光平先生との出会いである。さらにフィールドワークで私たちに強い印象を残したのは、旧日本総領事館分館警察署の地にたつ柳の樹だった。この柳の樹の下で、多くの朝鮮人軍民が拷問・殺害されたからだ（八九頁参照）。

スタディ・ツアーをきっかけに、私たちは共同研究を始めることにした。幸いにも、翌二〇一六年四月から東京外国語大学の教員七人や院生たちとともに科学研究費補助金「日本／朝鮮・中国東北からみた『満洲』の記憶と痕跡〜輻輳する民族・階級・ジェンダー」（基盤研究B 16H03325、代表：金富子）による共同研究を開始できた。同年一二月に孫春日先生、李光平先生、日本国内の研究者を招いて、国際シンポジウム「植民地を移動した〈在満〉朝鮮人の生活と抗日〜その記憶と痕跡を移民史・オーラルヒストリーでたどる〜」を開催した。ここで李先生は、写真と文による「延吉県集団移民史の証人たち」を発表し、私たちは写真ドキュメンタリー作家としての一面を知ることになった。本書は、この発表に私たちが感銘を受けたことから企画された。

この間、科研メンバーとともに延辺を三度訪れ、李先生、孫先生のご案内で数々の朝鮮人集団移民部落をフィールドワークするとともに、関係者にインタビューした。また、李先生、孫先生を日本にお招きし、それぞれワークショップをもち交流を深めた。さらに、長野県の満蒙開拓平和記念館では同館のスタッフで科研メンバーの島崎友美さんの尽力によって、李光平先生の写真を中心に特別展「朝鮮人移民を知っていますか」(二〇一八年七~八月)が開催されるとともに、孫春日先生の講演会「植民地期朝鮮人の満洲移住と日本の支配政策」も実施され、多くの聴衆を集めた。寺沢秀文館長をはじめスタッフの皆さんに感謝したい。

本書には、李光平先生の写真・文を中心に、責任編者四人および孫春日先生の論考、科研メンバーで朝鮮族出身の朴紅蓮さんのコラムが収録されているが、とりわけ孫先生には寄稿してくださったことに感謝申し上げる。また、第1部の李先生のキャプション・文の下訳をしてくれた韓昇熹さん、吉良佳奈江さんに感謝する。最終的な翻訳の責任は責任編者に帰されるのは言うまでもない。

本書は李光平先生の渾身の業績の紹介であるとともに、前述の科研費受給共同研究の成果の一部である。本書が「三・一運動/龍井三・一三運動」百年の二〇一九年に刊行されたことを嬉しく思うとともに、日本の植民地支配が朝鮮人に強いた「満洲」移民の記憶と痕跡が少しでも日本で知られることを願っている。

写真集という難しい形態の編集に辛抱強くつき合い斬新なアイデアを出してくださった編集者の岡本有佳さん、厳しい出版事情の中、企画の趣旨を理解して出版してくださった世織書房の伊藤晶宣さんに感謝致します。

最後になりますが、本書がたどる歴史を生きてこられたすべての朝鮮人の皆さんに敬意を表するとともに、心より感謝申し上げます。

二〇一九年五月四日

金富子・中野敏男・橋本雄一・飯倉江里衣

参考文献

●史資料

汪清県政協文史資料委員会編（2015）『汪清往事』汪清県政協文史資料委員会【中国語】

姜徳相編（1986）『現代史資料三〇　朝鮮六』みすず書房

梶村秀樹、姜徳相編・解説（1972）『現代史資料二九　朝鮮五』みすず書房

邢志、李成主編（2000）『以史為鑑―日本制造偽満洲国図証』吉林人民出版社 【中国語】

厚生省社会・援護局援護50年史編集委員会（1997）『援護50年史』ぎょうせい

厚生省復員局（橋本正勝編）（1952）『満洲に関する用兵的観察』第12巻、防衛省防衛研究所所蔵

朱成華編著（2009）『写真でみる中国朝鮮族移民史（画冊）』民族出版社【朝鮮語・中国語】

中共延辺州委五人小組事務室（1960）「偽特設部隊組織活動および人員概況」、『二〇世紀中国朝鮮族歴史資料集（一）』【朝鮮語】

朝鮮総督府編（1940）『在満朝鮮総督府施設記念帖』朝鮮総督府（朴ファン・朴ホウォン編（2017）『在満朝鮮総督府施設記念帖――日本帝国の両面：弾圧と懐柔』民俗苑 【朝鮮語】）

「百年延辺」画冊編委会編（2009）『百年延辺』延辺朝鮮族自治州档案局【中国語】

満史会（1964）『満州開発四十年史・上巻』満州開発四十年史刊行会

満鮮拓植株式会社（1941）『鮮満拓殖株式会社・満鮮拓植株式会社五年史』（波形昭一、木村健二、須永徳武監修（2002）『社史で見る日本経済史：植民地編』第15巻、ゆまに書房）

●引用・参考文献

＜日本語文献＞

井出孫六（2008）『中国残留邦人：置き去られた六十余年』岩波書店

今泉裕美子（2009）「南洋群島への朝鮮人の戦時動員」『季刊戦争責任研究』第64号

笠原十九司（2017）『日中戦争全史　上・下』高文研

姜尚中・玄武岩（2010）『大日本・満州帝国の遺産』講談社

姜在彦（1997）『金日成神話の歴史的検証―抗日パルチザンの〈虚〉と〈実〉』明石書店

貴志俊彦・松重充浩・松村 史紀編（2012）『二〇世紀満洲歴史事典』吉川弘文館

木之内誠・平石淑子・大久保明男・橋本雄一（2019）『大連・旅順歴史ガイドマップ』大修館書店

金史良（大村益夫訳）（1984）「留置場で会った男」、『朝鮮短篇小説選』下巻、岩波文庫

金昌鎬・姜錫熙（1995）『朝鮮通史（中）』朝鮮・平壌外国文出版社

金永哲（2012）『「満洲国」期における朝鮮人満洲移民政策』昭和堂

小林信介（2015）『人びとはなぜ満州へ渡ったのか』世界思想社

五味川純平（1956）『人間の条件』第一部、三一書房

愼蒼宇（2008）『植民地朝鮮の警察と民衆世界　1894-1919』有志社

徐京植（1989）『皇民化政策から指紋押捺まで――在日朝鮮人の「昭和史」』岩波ブックレット

宋友恵（愛沢革訳）（2009）『空と風と星の詩人　尹東伝評伝』藤原書店

高崎宗司（1996）『中国朝鮮族　歴史・生活・文化・民族教育』明石書店

趙景達（2012）『近代朝鮮と日本』岩波新書

――（2013）『植民地朝鮮と日本』岩波新書

「朝鮮族簡史」編写組編（高木桂蔵訳）（1990）『抗日朝鮮義勇軍の真相―忘れられたもうひとつの満州』新人物往来社（原著『朝鮮族簡史』（1986）延辺人民出版社）

塚瀬進（2004）『満洲の日本人』吉川弘文館

辻康吾（1983）『転換期の中国』岩波新書
ドゥルーズ,ジル／ガタリ,フェリックス（宇野邦一ほか訳）（2010）『千のプラトー ——資本主義と分裂症—』（原著1980）、中巻、河出書房新社
外村大（2009）『在日朝鮮人社会の歴史学的研究——形成・構造・変容』緑蔭書房
中野敏男ほか編（2017）『「慰安婦」問題と未来への責任：日韓「合意」に抗して』大月書店
中山隆志（2000）『関東軍』講談社
朴敬玉（2015）『近代中国東北地域の朝鮮人移民と農業』御茶の水書房
橋本雄一（2003）「象徴をこえて描写の地平へ——梁山丁による文学テクスト「拓荒者」の多様なコード」『言語文化論叢』第12号、千葉大学外国語センター
韓洪九『韓洪九の韓国現代史』（高崎宗司監訳）平凡社、Ⅰ 2003年、Ⅱ 2005年
東尾和子（1979）「琿春事件と間島出兵」『朝鮮史研究会論文集』第14集
樋口雄一（1998）『戦時下朝鮮の農民生活誌 一九三九～一九四五年』社会評論社
藤永壯（2000）「朝鮮植民地支配と「慰安婦」制度の成立過程」VAWW-NET JAPAN編『「慰安婦」・ 戦時性暴力の実態Ⅰ（日本軍性奴隷制を裁く女性国際戦犯法廷vol.3）』緑風出版
ヘイグ,アンドレ（2011）「中西伊之助と大正期日本の「不逞鮮人」へのまなざし」『立命館言語文化研究』22巻3号
許寿童（2009）『近代中国東北教育の研究：間島における朝鮮人中等教育と反日運動』明石書店
満洲国軍刊行委員会編（1970）『満洲国軍』蘭星会
三木理史（2006）『国境の植民地・樺太』塙書房
水野直樹・文京洙（2015）『在日朝鮮人：歴史と現在』岩波書店
文京洙（2015）『新・韓国現代史』岩波書店
山田朗（1986）「軍事支配（二）日中戦争・太平洋戦争期」浅田喬二・小林英夫編『日本帝国主義の満州支配—— 五年戦争を中心に』時潮社
吉田裕（1986）「軍事支配（一）満州事変期」浅田喬二・小林英夫、前掲書
吉見義明 （1995）『従軍慰安婦』岩波新書
李孝徳（2006）「ディアスポラの名前、歴史、アート」東京経済大学国際学術シンポジウム「ディアスポラ・アートの現在」（2004年11月28日）
和田春樹（1992）『金日成と満州抗日戦争』平凡社
—— （1998）『北朝鮮——遊撃隊国家の現在』岩波書店

＜朝鮮語文献＞
親日人名辞典編纂委員会（2009）『親日人名辞典』民族問題研究所
朴貞愛（2016）「満洲地域の日本軍慰安所設置と朝鮮人「慰安婦」」『アジア女性研究』55⑴
パク・ファン（2016）『写真で見る満洲地域韓人の生と記憶の空間』民俗苑
尹輝鐸（1996）『日帝下「満洲国」研究：抗日武装闘争と治安粛正工作』一潮閣

＜中国語文献＞
孫春日（2003）『「満洲国」時期朝鮮人開拓民研究』延辺大学出版社
〈朝鮮族簡史〉編写組編（1986）『朝鮮族簡史』延辺人民出版社

関連年表（朝鮮、「満洲」・中国を中心に）

※は朝鮮人「満洲」移民関連を示す。
★は李光平関連を示す。

年	月	日本・世界の動き	朝鮮	「満洲」・中国
			※朝鮮北部から朝鮮人、山東地方から漢族の間島などへの移民流入	
1875	9	日本の軍艦雲揚号、江華島を侵犯（江華島事件）		※清朝政府、間島地域の封禁政策廃止、以後朝鮮からの「満洲」移民増える
1876	2		日朝修好条規（江華島条約）締結	清朝政府、旅順に水師提督を設置
1883			※朝鮮政府、越江禁止制度を撤廃、朝鮮人「満洲」移民増える	
1885	12	第1次伊藤博文内閣成立		※清朝政府、図們江（朝鮮側「豆満江」）北岸に朝鮮開墾民区域を設置
1889	2	大日本帝国憲法発布		
1894	7	日本軍が朝鮮王宮を軍事占領、日清戦争が開戦。朝鮮が戦場に 11月日本軍、旅順占領、旅順虐殺事件発生		
1895	4	清と日本の間で下関条約を締結し清国は朝鮮の独立や日本の台湾領有、遼東半島租借を認めさせられる、その後「三国干渉」		
	10		駐朝日本公使三浦梧楼ら閔妃を殺害	
1896			抗日義兵運動はじまる	
1897	10		国号を「大韓帝国」に改め、高宗が皇帝に即位	
1898				ロシアが遼東半島南端「関東州」の租借権と東清鉄道南部（ハルビン〜旅順）敷設権獲得
1900	6	義和団事件に対して日本、陸軍派遣を決定、8カ国連合軍が北京駐屯		義和団事件
1903	3			清朝政府、間島に延吉庁を設置
1904	2	日本、朝鮮の鎮海湾と釜山・馬山の電信局を軍事占領、日露戦争が開戦。朝鮮・「満洲」が戦場に		
	2		日本、日韓議定書を強要	
	8		日本、第1次日韓協約を強要	
1905	9	日露講和(ポーツマス条約)締結		ロシア軍長春以北へ撤退、日本は「関東州」と東清鉄道の一部権利を獲得
	10			日本関東総督府成立、第14·16師団(駐箚師団)が総督の指揮下に入る
	11		日本、第2次日韓協約（乙巳保護条約）を強要	
1906	2		統監府設置（3月、初代統監伊藤博文着任）	
	3	米英が日本に、「満洲」の門戸開放を要求		
	9			日本、間島に「統監府臨時派出所」設置
	9			関東総督府にかわって関東都督府設置
	11	南満洲鉄道株式会社（満鉄）東京で設立。翌年3月本社を大連に移転		
1907	4			関東都督府に独立守備隊6個大隊が新設（のちの関東軍）
	6		高宗がハーグ万国平和会議に密使を派遣（ハーグ密使事件）	
	7		高宗が退位。日本、第3次日韓協約強要、韓国軍解散。以後、抗日義兵運動が高揚し、義兵戦争化する（〜10年代半ば）	
1908	12		東洋拓殖株式会社設立（本店·京城）	
1909	9	夏目漱石、「満洲」·朝鮮旅行、紀行文「満韓ところどころ」		※日清間で「間島協約」
	10			安重根、ハルビン駅で伊藤博文を射殺
	11			間島の龍井に日本総領事館開設、統監府臨時間島派出所は閉鎖
1910	8	「韓国併合」条約		
	9	朝鮮総督府設置	土地調査事業はじまる（〜1918年12月）	
1911	10			辛亥革命、清朝崩壊

1912	1			中華民国成立
1914	7	第一次世界大戦勃発、8月日本参戦		
	11			ドイツから青島を奪取
1915	1	日本、中国に二十一カ条要求を突きつける		
	9			中国、二十一カ条要求を受諾、「南満洲及東部内蒙古に関する条約」調印
1916	3		「貸座敷娼妓取締規則」公布	
1917	1	石井・ランシング協定で米国が満蒙における日本の特殊権益を認める		
	11	ロシア革命		
	12			尹東柱、間島の和龍県明東村に生まれる
1918	7	米騒動		
	8	日本がシベリア出兵を宣言		
1919	2	東京で朝鮮人留学生ら2・8独立宣言		
	3		3・1独立運動、朝鮮全土に拡大	龍井(3.13)、琿春(3.20)で独立運動
	4			上海で大韓民国臨時政府成立。関東庁成立。関東軍設置
	5			中国で5・4運動
1920	7			大連中華青年会設立
	10			「琿春事件」、これを口実に日本軍が「間島出兵」、日本軍が朝鮮人を虐殺した「間島事件」。青山里戦闘
	11		朝鮮総督府、産米増殖計画開始	
1921	4			孫文、広東に国民政府樹立
	7			中国共産党創立
	12			東亜勧業株式会社設立
1922	7	日本共産党成立		
1923	9	関東大震災、朝鮮人虐殺される。大杉栄らが憲兵大尉甘粕正彦に殺害される		
1924				中国、第一次国共合作
	10		朝鮮東北部と間島を結ぶ天図軽便鉄道竣工	
1925	3	日本、治安維持法成立		
	4		朝鮮共産党結成(コミンテルン承認)。高麗共産青年会結成	
	5			上海で5・30事件
	11		第一次朝鮮共産党弾圧事件	
1926	5			朝鮮共産党満洲総局が創設
	6		6・10万歳運動。第二次共産党弾圧事件	
	6	「不逞鮮人ノ取締方ニ関シ双方(朝鮮総督府奉天省間)ノ協定」(三矢協定)締結		
	7			蒋介石の国民革命軍が北伐開始(28年完了)、首都を南京に。日本、山東出兵で干渉
1927	2		新幹会結成(～31年5月)	
	4	日本、徴兵令改め兵役法公布		蒋介石、上海で反共クーデター(国共合作崩壊)
	6	東方会議(「対支政策綱領」発表)		
	10			第1次間島共産党事件
1928	6			関東軍による張作霖爆殺事件
	7	コミンテルン第6回大会、「一国一党の原則」採択(8月)		
	8	パリ不戦条約調印(日本、翌年批准)		
	11		コミンテルン、朝鮮共産党の承認を取り消す	
1929	6	拓務省官制公布		

	11		光州学生運動	コミンテルン、中国共産党に朝鮮共産党員受け入れ指示
1930	5			間島で5・30蜂起
1931	7			「万宝山事件」
	9	関東軍による「満洲事変」(中国側「九一八事変」) ※地方の在満朝鮮人が大都市などに避難		
1932	1			上海事変、日本陸海軍が軍慰安所を開設（～3月）
	1			関東軍「満蒙政策諮問会議」招集(2週間)
	2			朴錫胤、龍井で親日反共団体の「民生団」組織(7月に解散)
	3	「満洲国」建国宣言。溥儀が執政に就任、首都を「新京」(長春)。 関東軍、満洲国軍創設		
				※朝鮮総督府、在満朝鮮人避難民向け安全農村（満鉄沿線）・集団部落（間島）建設(～35年)
	4	国際連盟がリットン調査団を「満洲国」に派遣		
	5	五・一五事件		
	8	拓務省の満洲試験移民案が閣議通過		夏から秋、間島で抗日遊撃隊が組織
	9	「試験移民」募集開始		日満議定書調印。日本政府、「満洲国」を正式承認 平頂山事件（撫順炭鉱近辺で日本軍守備隊がゲリラと通じたとされる現地住民を虐殺） 関東軍や満洲国軍など、間島含む各地で「秋季大討伐」を展開
	10	第一次武装移民が東京を出発、佳木斯に到着		
	11		朝鮮総督府、農村振興運動はじめる(～40年10月)	1932年末から反「民生団」事件（朝鮮人幹部・遊撃隊員を大量粛清）
1933	1	ドイツ、ヒトラー内閣成立		間島各地での遊撃隊を紅軍32軍東満遊撃隊として統一
	2	国際連盟、「満洲国」不承認決議		「熱河作戦」、関東軍と満洲国軍が熱河地域に侵攻。第一次武装日本人移民が入植予定地の永豊鎮一帯を制圧、のち「弥栄村」となる
	3	日本政府、国際連盟脱退を通告 「第一次特別移民用地議定書」調印		「第一次特別移民用地議定書」調印
	4			「満洲」における軍慰安所設置が文書に記される（平泉駐屯の混成第14旅団）
	7	第二次武装移民が東京を出発（のちの「千振村」）		
	11			関東軍、「対満農業移民会議」を招集
1934	3			「満洲国」帝政へ、溥儀が皇帝に 「土龍山事件」(日本人武移民団の土地強制買収への中国農民武装蜂起)
	4			※関東軍・「満洲国」政府、朝鮮人集団部落建設（～36年）
	9			中国共産党満洲省委員会、抗日遊撃隊を東北人民革命軍として創設
	10	日本政府、「朝鮮人移住対策ノ件」閣議決定	心田開発運動	中国共産党、長征開始、のち37年延安を拠点に
	12	日本、ワシントン軍縮条約を破棄		
1935	4			溥儀の日本訪問。帰国後の5月「回鑾訓民詔書」発布、日満「一徳一心」
	8			中国共産党、8・1宣言
1936	2	二・二六事件		東北人民革命軍、順次、東北抗日聯軍に改編
	5			関東軍、(日本人)満洲農業移民百万戸移住計画を策定
	6			在満韓人祖国光復会結成

	8	広田弘毅内閣、「20 箇年 100 万戸送出計画」決定		※関東軍、「在満朝鮮人指導要綱」・「満洲国ニ於ケル鮮農取締要領」制定
	9		※京城に「鮮満拓殖株式会社」創設	※新京に「満鮮拓植股份有限公司」（38 年 7 月「満鮮拓植株式会社」に改称）
	12			中国、西安事件で第二次国共合作へ
1937	1			※関東軍司令部内に「移民事務処理委員会」設置（朝鮮人移民含む）
		※ 1937 年度から日本人「20 箇年百万戸送出計画」・朝鮮人「15 箇年 16 万戸」「満洲」移住計画実施		
	3		⇒※関東軍、「満洲国」政府、朝鮮総督府による新規の朝鮮人「満洲」農業移民はじまる（「集団移民」は朝鮮南部から）	
	6		金日成、普天堡を急襲	「満洲文和会」、大連で設立、文芸作家を糾合
	7	北京郊外で日中両軍が軍事衝突（盧溝橋事件、中国側「七七事変」）、日中戦争（中国側「抗日戦争」）へ		
	8			「満洲映画協会」（満映）設立、翌年甘粕正彦が理事長に 日本人移民助成のため満洲拓殖公社が設立
	10		「皇国臣民の誓詞」制定	
	11			中華民国国民政府、重慶へ移動（46 年 4 月まで）
	12			日本軍、南京で大規模な虐殺・強かん。前後して軍慰安所を大量設置へ
1938	1		※江原道に「洗浦移民訓練所」開設（40 年「満洲開拓民志願者訓練所」に改称）	
	2		陸軍特別志願兵制度新設	「満洲国」、国家総動員法公布
	3		朝鮮教育令改正（第 3 次）、皇民化教育はじまる	
	4	国家総動員法公布		
	7		国民精神総動員朝鮮連盟発足（40 年 10 月国民総力朝鮮連盟）	東北抗日聯軍、間島で活動を再開 ※「在満朝鮮人指導要綱」一部改訂、新たな「鮮農取締要綱」公布実施
	9			満洲国軍内に間島特設隊（朝鮮人部隊）を創設
	10			日本軍、広東・武漢を占領
1939	1			開拓総局設置
	春			★李光平の祖父一家、朝鮮咸鏡北道鏡城郡から「満洲国」間島省龍井村に移住
	5			ノモンハン事件（～ 11 月）
	7	国民徴用令公布		
	9	第二次世界大戦（ドイツ軍のポーランド侵攻）	「募集」方式の日本への労働動員（「強制連行」）開始	※関東軍による「吉林・間島・通化三省連合治安粛正工作」開始（～ 1941 年 3 月）
	10			※吉林省永吉県に「江蜜峰移民訓練所」開設（のち「江蜜峰開拓訓練所」）
	12	※（朝鮮人）「満洲開拓政策基本要綱」閣議決定。「移民」の呼称から「開拓民」へ		
				「満洲国」下の中国人作家らの文学雑誌《芸文志》《文選》、日本側と連携または中国側独自に創刊
				★李光平の父が開山屯鉄道駅の使用人として就職し、一家は同地に転居
1940	2		「創氏改名」の強要 ※南部各道で朝鮮人「満洲開拓青年義勇隊」の募集開始	東北抗日聯軍司令官楊靖宇、通化省警察隊に殺害される
	3			汪兆銘政権、南京で成立
	4		※「満洲」「開拓」のための「朝鮮移住協会」設立	朴正熙、「満洲国」陸軍軍官学校に第 2 期として入学
	6			※満鮮拓植が満拓公社に統合
	9	日独伊三国同盟が成立。日本軍、北部仏領インドシナ侵入	南部から南洋群島への農業移民送り出し（朝鮮総督府が関与）	大韓民国臨時政府が重慶に移転、韓国光復軍創設
	10	日本、大政翼賛会成立		
1941	3			「芸文指導要綱」、「満洲国」国務院より発布、文芸作品への締付強化
	4	日ソ中立条約調印		
	7			対ソ戦準備として関東軍特種演習を実施、朝鮮から朝鮮人「慰安婦」も動員

	11	日本、東條英機内閣成立		
	12	アジア・太平洋戦争勃発、日本軍香港へも侵攻、大韓民国臨時政府が日本に宣戦布告		
1942	1	「満蒙開拓第二次5カ年計画」策定	鴨緑江水田事業として義州ダム建設決定	
	2	日本軍、シンガポール占領	「官斡旋」方式の日本への労働動員開始	
	5	朝鮮人に対する徴兵制を閣議決定		日本とソ連、「満蒙境界議定書」
	6	日本軍、ミッドウェー海戦で決定的な敗北		
	10	朴正熙、日本陸軍士官学校本科課程へ編入	朝鮮青年特別錬成令公布	「満洲国」産業統制法
	11	日本、大東亜省設置。大東亜文学者会議、東京開催		「満洲開拓女子拓殖指導者提要」
1943	2		※南部各道で「満洲開拓女子女子勤労奉仕団」募集開始	満鉄本社、「新京」に移転
	7	同志社大留学の尹東柱、いとこ宋夢奎が逮捕される。のち治安維持法違反（独立運動）で逮捕2年の判決		
	10			※第1期朝鮮人満洲開拓青年義勇隊が入植
1944	2		朝鮮人への徴兵制実施	
	6	米軍、サイパン上陸、米英など連合軍がノルマンジー上陸		
	7			米軍爆撃機、大連、鞍山に初来襲
	8		呂運亨、秘密結社朝鮮建国同盟を組織	
	9		「徴用」による日本への労働動員開始	
	12			朴正熙、「満洲国」軍歩兵少尉に任官
1945	2	尹東柱、福岡刑務所にて死亡、3月宋夢奎も死亡		★李光平が開山屯にて李鳳允の第三子として出生
	8	米、広島・長崎に原爆投下。大本営、朝鮮の保衛、「満洲」の放棄可とする決定。外務省、「三ヵ国宣言受諾に関する訓電」で「居留民はできる限り現地に定着させる方針」採択		
		14日、無条件降伏(日本政府ポツダム宣言を受諾)。15日、天皇による終戦の詔勅放送	植民地解放（光復）	中国勝利
	9	米国戦艦ミズーリで降伏文書に調印 米軍、日本に進駐	朝鮮人民共和国樹立宣布 米軍第24団仁川に上陸、米軍政庁設置	
	12	旧植民地出身者（在日朝鮮人・台湾人）の参政権停止	南朝鮮で信託統治反対（反託）運動始まる	
1946	1		米軍政庁により南朝鮮国防警備隊創設（韓国軍の前身）	
	2		北朝鮮臨時人民委員会設立	通化事件
	3	GHQ、「引揚げに関する基本指令」を発令	米ソ第1次共同委員会（5月まで）	
	5	極東国際軍事裁判（東京裁判）開廷。溥儀、出廷のため来日（8月）		ソ連軍、大連・旅順を除き東北からの撤退完了。葫蘆島より日本人の引揚げ第1船出航
	7			中国国民党と共産党の全面内戦、開始
	11	日本国憲法公布（施行は翌年5月3日から）	南朝鮮労働党結成、西北青年団結成	
1948	1			東北民主聯軍が東北人民解放軍になり3月攻勢、国民党軍支配地は瀋陽や長春などのみ
	4		済州4・3蜂起	
	8		大韓民国成立。韓米軍事安全暫定協定締結。翌月韓国陸軍創設	
	9		朝鮮民主主義人民共和国成立	

	10		麗水・順天抗争	東北人民解放軍、長春占領、11月瀋陽や営口を占領。ハルビンに東北烈士記念館開館・東北抗日戦争および愛国自衛戦争烈士記念塔建立
	11	東京裁判判決	済州島に戒厳令・焦土化作戦本格化、朴正熙が左翼容疑で逮捕	
1949	1		反民族行為特別調査委員会発足	
	4		朴正熙、刑執行停止、軍から罷免	『延辺日報』『民主日報』などが合併して『東北朝鮮人民報』に
	9	中国共産党地区からの引揚船が大連から舞鶴へ		
	10			中華人民共和国成立。1953年3月まで日本人の集団引揚げ中断
	12	中華民国国民政府、台湾の台北に遷都		
1950	1		韓米相互防衛援助協定調印	
	2			中ソ友好同盟条約締結、中国東北の鉄道と旅順・大連に関する協定も
	6	GHQが日本共産党中央委員24人を公職追放	朝鮮戦争勃発	
	7	日本、警察予備隊設置（のちの自衛隊）	朴正熙、陸軍本部作戦情報局第1課長として現役復帰	
	9		国連軍、仁川に上陸	朝鮮戦争に人民志願軍を派遣、「抗美援朝」戦争の始まり（「美」は米国のこと）
1951	2			大連港をソ連が中国に移管
	9	サンフランシスコ講和条約、日米安全保障条約調印		
	11			三反五反運動開始
1952	2	第1次日韓会談		
	4	サンフランシスコ講和条約発効（沖縄などの切り捨て）、外国人登録法公布		
	9			延辺朝鮮民族自治区人民政府が成立
	12			中国政府、北京放送で引揚げ援助を表明
1953	3	日本政府、中国引揚げ孤児対策要綱		北京協定、日本人の集団引揚げ再開
	7		板門店で朝鮮戦争休戦協定調印	
1954	6	周恩来首相とインド・ネルー首相による平和五原則共同声明		
	7	日本、防衛庁と自衛隊発足		
	9			第1期全人代第1回大会で憲法採択、毛沢東を国家主席に
1955	4	アジア・アフリカ会議、インドネシアのバンドンで開催		延辺朝鮮民族自治区を延辺朝鮮族自治州に改編。5月、旅順港をソ連が中国に移管
	12		金日成、党会議で初めて主体思想を提起	「百花斉放、百家争鳴」方針
1956	6			中国、瀋陽で抑留者の軍事裁判開始
1957	7	国連軍司令部、東京からソウルへ移転		
1958	5	岸信介内閣のもと日中関係全面断絶、集団引揚げ断絶		
	8			人民公社化運動開始、「大躍進」政策も
	12	未帰還者の一斉調査（中国地域の未帰還者2万2,187名）		
1959	3	「未帰還者に関する特別措置法」公布		
	12			国家主席の特赦令により溥儀釈放
1960	1	日米安全保障条約改正、のち岸内閣総辞職		
	4		4・19革命、李承晩が下野宣言	
1961	5		5・16朴正熙による軍事クーデター、軍事革命委員会発足	
	7		北朝鮮、中ソと友好協力相互援助条約を締結	

1962	10			中朝辺界条約により鴨緑江・豆満江（図們江）・白頭山（長白山）の天池が国境に
1963	10		朴正熙、大統領に当選（～ 1979 年）	
1964	3			中国、撫順戦犯管理所日本人戦犯らを最終釈放
	6		韓日会談反対デモ、首都圏に非常戒厳令（6・3 事態）	
	10	東京オリンピック開催 米、北ベトナム爆撃開始、ベトナム戦争へ		
1965	6	日韓条約調印、日本ー韓国の国交樹立		
1966	1			中国、文化大革命始まる
1967	10			溥儀死去
1969	3			ウスリー川の珍宝島（ダマンスキー島）で中ソ武力衝突
	11	佐藤・ニクソン共同声明		
1971	9		南北赤十字予備会談、離散家族捜索を協議	林彪クーデター未遂事件
1972	7		7・4 南北共同発表	
	9	日中共同声明発表、中国との国交樹立		中日共同声明発表、日本との国交樹立
	10		韓国全土に非常戒厳令（10 月維新）、維新憲法公布（12 月）	
	12		北朝鮮で社会主義憲法採択、金日成国家主席体制が成立	
1974	2			批林批孔運動開始
1975				★李光平、写真を学び始める
	3	厚生省、「中国残留孤児」の公開調査（1981 年 1 月 14 日、第 9 回まで）		
1976	1			周恩来死去。4 月、第一次天安門事件
	9			毛沢東死去、10 月江青ら四人組を逮捕、裁判開始は 1980 年
1977	8			主席華国鋒、文化大革命終結を宣言
1979	2			中国軍、ベトナム国境へ侵攻、中越紛争はじまる
	10		朴正熙射殺事件	
1980	5		光州民主化抗争	
	12			胡耀邦（党中央書記処総書記）、文化大革命を全否定。8 月、趙紫陽、首相に
1981	3	「中国残留孤児」第一次訪日調査開始		
1982	6	第一次教科書問題		
	12			中国、82 年新憲法制定、施行
1984	2	中国帰国孤児定着促進センター開設		
1986	1			瀋陽に日本総領事館開設
	8			★李光平、龍井県文化館長就任（龍井県は 1988 年より龍井市に）
	6		6・10 民主抗争、盧泰愚「6・29 民主化宣言」発表	
	11	「中国残留孤児」調査打ち切り批判を受けて、政府が訪日調査再開		
1988	9		ソウルオリンピック開催	
1989	1	昭和天皇死去		
	6			4 月の胡耀邦死去を経て、6・4 第二次天安門事件
1990	4			★龍井 3.13 殉難義士追念準備委員会（龍井 3.13 紀念事業会の前身）発足
	11		韓国挺身隊問題対策協議会（挺対協）結成	
1991	1	第 1 回日朝交渉（92 年 11 月の第 8 回で決裂、その後 7 年半空白）		

	8		金学順が韓国で初めて元「慰安婦」として記者会見。のち東京地裁に日本政府に対し提訴（12 月）	
1992	1	旧日本軍の「慰安婦」関連資料、吉見義明 (当時中央大教授) が発見と報道	挺対協、日本大使館前で第 1 回の水曜デモ (現在まで続く)	
	8		韓中共同声明署名、韓国ー中国の国交樹立	
1993	8	日本政府、「慰安婦」問題の調査結果と「河野談話」発表		
1994	7		金日成死去	
1995	1	阪神淡路大震災		
	8	「村山談話」（過去の「植民地支配と侵略」を「お詫び」）		
	12		中国・北朝鮮・韓国・モンゴル・ロシアが図們江経済開発区・東北アジア開発協力委員会の設置協定署名	
1996	8	平頂山事件 (32 年）の中国人生存者が日本政府に対して賠償請求訴訟（02 年棄却）		
	12	日本軍の遺棄した毒ガス・不発弾で死傷した中国人被害者たちが日本政府に対して賠償請求訴訟		
1998	12			★龍井 3.13 殉難義士追念準備委員会から龍井 3.13 紀念事業会に改称
1999	8	「国旗及び国歌に関する法律」公布・即日施行		
	10			★李光平、写真家の黄範松に随行し、集団移民について知る。調査活動開始
2000	6		史上初の南北首脳会談（金大中ー金正日)、南北共同声明発表	
	10			中国「国家通用語言文字法」制定（翌年施行)、「少数民族」言語に言及
	12	民衆法廷「日本軍性奴隷制を裁く女性国際戦犯法廷」開廷		★李光平、龍井市文化館長を早期退職して集団移民調査に没頭
2002	12	中国残留孤児国家賠償集団訴訟提訴 (東京)、以後全国で「残留孤児・婦人」国家賠償訴訟はじまる		
2004	11		日帝強占下強制動員被害真相糾明委員会発足	
2008	8			北京オリンピック開催
2011	3	東日本大震災、東京電力福島第一原子力発電所事故		
	12		水曜デモ 1000 回記念で在韓日本大使館前に「平和の碑」（少女像）建立	
2013	2			★李光平、龍井 3.13 紀念事業会の会長就任
	4	長野県の阿智村に満蒙開拓平和記念館開館	セウォル号惨事	
	12	安倍首相、靖国神社参拝		
2014	1			安重根義士記念館、ハルビン駅構内に建造される。のち駅舎の改築のために、道里区の朝鮮民族芸術館内へ移転
2015	8	戦後 70 年「安倍談話」発表		侵華日軍第七三一部隊罪証陳列館、ハルビン市平房地区に新築開館
	9	安保法制、強行採決		
2016	11		韓国全土で朴槿恵大統領退陣要求のろうそくデモはじまる	
2019	3	各地で 2・8 独立宣言、3・1 独立運動 100 周年行事開催	各地で 3・1 独立運動 100 周年記念行事が盛大に開催	★龍井で「3.13 反日運動 100 周年紀念」行事開催

（作成：金 富子、橋本雄一、飯倉江里衣）

【参考文献】本書各論文、辻康吾〔1983〕、吉見義明〔1995〕、中山隆志〔2000〕、井出孫六〔2008〕、許寿童〔2009〕、親日人名辞典編纂委員会〔2009〕、姜尚中・玄武岩〔2010〕、貴志俊彦・松重充浩・松村 史紀編〔2012〕、金永哲〔2012〕、趙景達〔2012、2013〕、文京洙〔2015〕、水野直樹・文京洙〔2015〕、中野敏男ほか〔2017〕、木之内誠・平石淑子・大久保明男・橋本雄一〔2019〕

編著者プロフィール

●李 光平（リ グァンピョン）

ドキュメンタリー写真家、群衆文化専業副研究館員、龍井3.13紀念事業会会長。編著に『中国朝鮮族民俗』（中国旅游出版社）、『写真で見る中国朝鮮族民俗写真』（延辺人民出版社）、『中国朝鮮族史料全集 歴史篇 移民史 11巻』（延辺人民出版社）、『口述、延辺65年』（延辺人民出版社）など多数。

責任編集

●金 富子（キム プジャ）

ジェンダー史・ジェンダー論、植民地期朝鮮教育史。東京外国語大学大学院教授。著書『植民地期朝鮮の教育とジェンダー』（世織書房）、共著に『Q＆Ａ 朝鮮人「慰安婦」と植民地支配責任』（御茶の水書房）、『植民地遊廓──日本の軍隊と朝鮮半島』（吉川弘文館）など多数。

●中野敏男（なかの としお）

社会理論・社会思想。東京外国語大学名誉教授。単著に『大塚久雄と丸山眞男──動員・主体・戦争責任』(青土社)、『詩歌と戦争──白秋と民衆、総力戦への「道」』(NHKブックス)など、共著に『〈戦後〉の誕生──戦後日本と「朝鮮」の境界』(新泉社)、『「慰安婦」問題と未来への責任──日韓「合意」に抗して』(大月書店)、『継続する植民地主義──ジェンダー／民族／人種／階級』(青弓社)など。

●橋本雄一（はしもと ゆういち）

中国近代文学・植民地社会事情。東京外国語大学大学院准教授。共著に『大連・旅順歴史ガイドマップ』（大修館書店）、『戦争の時代と社会 ──日露戦争と現代』（青木書店）、『満洲国の文化──中国東北のひとつの時代』『越境する視線──とらえ直すアジア・太平洋』（せらび書房）など。最新論文「"眼線"と"声音"はハルビンをどう体験したか──中国人作家爵青あるいは音楽団体口琴（ハーモニカ）社の作法」（『総合文化研究』22）など。

●飯倉江里衣（いいくら えりい）

朝鮮近現代史、在満朝鮮人史。神戸女子大学助教。著書『満洲国軍朝鮮人の植民地解放前後史──日本植民地下の軍事経験と韓国軍への連続性』(有志舎)。論文「記憶」(日本植民地研究会編『日本植民地研究の論点』岩波書店)、「龍井3・13独立運動における朝・漢両民族関係を考える」（『コリアン・スタディーズ』8）など。

筆者（掲載順）

●孫 春日（ソン チュニル）

植民地期朝鮮人移民史研究。延辺大学人文科学学院教授。著書に『「満洲国」時期朝鮮人開拓民研究』（延辺大学出版社 ）など多数。

●朴 紅蓮（ボク コウレン）

ジェンダー論、東京外国語大学国際日本研究センターの特任研究員、東京外国語大学・学習院大学などの非常勤講師。著書に『中国の育児期女性と「良き母親」言語：都市部で働く「80後」の高学歴女性を中心に』（吉林大学出版社）。

「満洲《まんしゅう》」に渡《わた》った朝鮮人《ちょうせんじん》たち
写真《しゃしん》でたどる記憶《きおく》と痕跡《こんせき》

2019年　6月20日　第1版第1刷発行 ©
2022年11月18日　　　　第2刷発行

李光平《リグァンピョン》 写真・文

金富子　中野敏男　橋本雄一　飯倉江里衣 責任編集
翻訳部分担当　金富子 飯倉江里衣

編集・表紙・本文デザイン＊風工房　岡本有佳
カバー写真＊李光平

発行所　（株）世織書房
発行者　伊藤晶宣
〒220-0042 神奈川県横浜市西区戸部町7丁目240番地　文教堂ビル
TEL 045-317-3176　振替 00250-2-18694
印刷所　新灯印刷（株）
製本所　協栄製本（株）

ISBN 978-4-86686-006-0

女性国際戦犯法廷20年　判決/証言をどう活かすか●日本軍性奴隷制を裁く
女性国際戦犯法廷20周年実行委員会=編　金富子・梁澄子・岡本有佳・石田凌太=責任編集　1800円

空いた椅子に刻んだ約束●《平和の少女像》作家ノート
キム・ソギョン、キム・ウンソン　岡本有佳=訳　1900円

増補改訂版〈平和の少女像〉はなぜ座り続けるのか
岡本有佳・金 富子=責任編集　日本軍「慰安婦」問題WEBサイト制作委員会=編　1000円

植民地期朝鮮の教育とジェンダー●就学・不就学をめぐる権力関係　4000円
継続する植民地主義とジェンダー●「国民」概念・女性の身体・記憶と責任　2400円
金 富子

NHK番組改変と政治介入●女性国際戦犯法廷をめぐって何が起きたか
VAWW-NETジャパン・編　1000円

忘却のための「和解」●『帝国の慰安婦』と日本の責任
鄭 栄桓　1800円

帝国の文学とイデオロギー●満洲移民の国策文学
安 志那　5800円

日本軍「慰安婦」、教育に介入する政府の対応を問い質す●歴史から学ぶとは何か
柏尾安希子　1700円

〈価格は税別〉

世織書房